BASTELHITS FÜR KIDS

Material Mix

INHALT

PAPIER UND PAPPE 4
BASTELN MIT PAPIER UND PAPPE 6

Fernseher aus Schuhkarton 8
Mix-Max-Spiel 9
Zauberhaftes Feenschloss 10
Witzgesichter 12
Becherkraken 13
Hasenparade 14
Witzige Eierbecher 15
Ein Herz aus Käse 16
Außerirdische Pustemonster 17
Süßigkeitentransporter 18
Alle Mann an Deck! 20
Tee-Schiffchen 21
Windmühlen 22
Verrückte Brillen 24
Magische Einhörner 25
Wir lieben Blumen! 26
Schnipselstern 27
Von einem anderen Stern 28
Specht 29
Eulenmobile 30
Pfui Spinne! 32
Kegelspiel 33
Weihnachtswichtel 34
Weihnachtskarten 35
Familienbande 36
Sterne aus Butterbrottüten 38
Papierraketen 39

RECYCLING-MATERIAL 40
BASTELN MIT RECYCLING-MATERIAL 42

Seilbahn 44
Superhasis Raketenrucksack 45
Rosis Friseursalon 46
Rambazamba 47
Vorhang auf! 48
Partyhütchen 50
Rennflitzer 51
Rudi Robot 52
StreetArt Socken 54
Mini-Garten 55
In der Luft 56
Vogelplanschbecken 58
Gabelgauner 59
Schmuckbaum 60
Seriendruck 62
Pinselhelden 64
Jetzt wird's laut! 66
Pit Pinguin 68
Glitzernde Schneekugel 70
Christbaumkugeln bemalen 71

STOFF UND WOLLE 72
BASTELN MIT STOFF UND WOLLE 74

Monsterstifte 76
Beerige Früchtchen 77
Tolles Tüll-Tütü 78
Schmuckes für den Schreibtisch 80
Kleines Maus-Haus 82
Muffin-Tragebeutel 84
Kinderleichte Windfahne 86
Dornröschenbrosche 87
Knabberzeug als Ohrschmuck 88
Hula-Hoop-Teppich 90
Beste Freundinnen 92
Für echte Abenteurer 94
Bunte Türschlange 95
Molliger Schal für Lieblingskuscheltiere 96
Traumfänger 98
Flauschiger Pinguin 100
Filzbaum zum Schmücken 101

NATURMATERIAL 102
BASTELN MIT NATURMATERIAL 104

Findeschmuck 106
Kunterbuntes Steindomino 107
Hasenbande 108
Familie Eierkopf 109
Magnettafel mit Fischen 110
Minikörnermandalas 112
Zarte Schmetterlinge 113
Coole Krachmacher 114
Floß-Flotte 116
Muschel-Stiftehalter 118
Schneckenpost 119
Kastanien Kunst 120
Zapfen-Blumenstrauß 122
Flinke Kastanienkerle 124
Blätter im Farbrausch 126
Monstermäßige Schlüsselanhänger 127
Erdnuss-Pinguine 128
Beerenstarke Eislichter 129

VORLAGEN 130
BUCHTIPPS FÜR DICH 142
IMPRESSUM 144

PAPIER UND PAPPE

Aus Papier und Pappe kannst du fast alles basteln und das Beste ist: Meistens hast du schon alles Zuhause, was du brauchst, um kreativ zu werden.

Wie wäre es zum Beispiel mit einem zauberhaften Feen-schloss, einer niedlichen Hasenkette zu Osten oder süßen Hexentreppen-Mäusen? Egal ob du gerne schneidest, faltest oder klebst, hier findest du garantiert das richtige Projekt für dich. Auch wenn du noch ein schnelles Weihnachtsgeschenk brauchst, kannst du es aus Papier blitzschnell basteln.

Lies dir zuerst die Grundanleitung durch. Hier wird dir erklärt, wie du Schablonen anfertigst, wie du süße Gesichter auf-malst und alles, was du sonst noch zum Basteln mit Papier und Pappe wissen musst.

Also ran an Schere und Papier und los geht's!

BASTELN MIT PAPIER UND PAPPE

Vorarbeiten

Zu Beginn jeder Bastelarbeit deckst du deinen Arbeitsplatz gut mit Zeitung oder einer Wachstischdecke ab, das hält Farbe und Klebstoff ab.

Lege dir alle Materialien vorher bereit, damit du nicht während des Bastelns alles heraussuchen musst.

Wenn du bei einem Projekt sehr viel mit Farbe oder Klebstoff arbeitest, sind auch ein altes Hemd oder ein Malerkittel sinnvoll, Klebstoff und Farbe landen häufig da, wo sie nicht hingehören.

Vorlagen übertragen

Für einige Modelle in diesem Buch findest du auf den letzten Seiten Vorlagen. Du kannst sie mit Kohlepapier auf Tonpapier übertragen. Lege dazu das Kohlepapier mit der beschichteten Seite nach unten auf das Tonpapier. Obenauf kommt

die Vorlage, die du mit einem Bleistift oder Kugelschreiber nachzeichnest. So drückt sich der Umriss auf das Tonpapier ab und du kannst ihn dann ausschneiden.

Schablonen anfertigen

Schablonen sind nützlich, wenn du ein Motiv mehrmals ausschneiden musst.

Du überträgst deine Vorlage einfach auf ein Stück Pappe, anstatt auf das Tonpapier, und schneidest es aus. Die Pappe ist so stabil, dass du dein Motiv immer wieder benutzen kannst.

Scheren

Für das Schneiden von Papier gibt es spezielle Scheren. Die normale Bastelschere kannst du für alle Papiere und Pappen verwenden. Für filigrane Muster eignet sich am besten eine Silhouettenschere. Sie ist klein, handlich und vorne spitz, sodass sie sich gut führen lässt und du mit ihr auch in knifflige Ecken kommst. Klebefolien oder Klebeband lassen sich am einfachsten mit einer beschichteten Teflonschere zerschneiden.

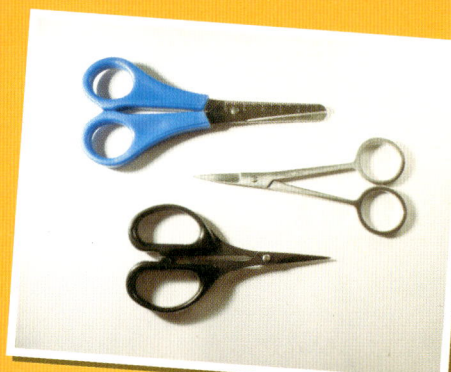

Klebstoff

Zum Kleben von Papier eignet sich der tropffreie UHU Alleskleber. Er lässt sich gut handhaben, sodass weniger Klebstoff daneben geht und er wellt das Papier nicht. Viele dünne Papiere ziehen sich bei flüssigem Klebstoff zusammen, dadurch lassen sie sich nicht mehr exakt verkleben und das Ergebnis sieht weniger schön aus. Für Kleinteile ist auch doppelseitiges Klebeband eine gute Lösung. Das gibt es inzwischen in allen Stärken und auch transparent, dadurch ist es kaum zu sehen und für alle Flächen gut einsetzbar.

Gesichter gestalten

Um deinen Papierfiguren hübsche Gesichter zu gestalten, kannst du sie mit Buntstift schraffieren. Möchtest du z.B. rote Wangen aufmalen, kratzt du etwas von der Spitze eines Buntstifts ab und verreibst es mit den Fingern.

Zum Schattieren oder Umranden nimmst du einen Buntstift, der etwas dunkler als dein Tonpapier ist. Setze den Stift am Rand schräg an und bewege den Stift nach innen, am Rand drückst du dabei mehr auf als innen.

Hexentreppen falten

Klebe die Enden von zwei gleich langen und gleich breiten Papierstreifen im rechten Winkel aufeinander. Falte den unten liegenden Papierstreifen (hier gelb) über den darüber liegenden Papierstreifen (hier rot), dann den Papierstreifen, der jetzt unten liegt (hier rot) über den Papierstreifen, der darüber liegt (hier gelb). Mache so weiter, bis die Hexentreppe lang genug ist oder die Streifen aufgebraucht sind. Schneide nun die überstehenden Streifenenden ab. Klebe – je nach Motiv – den letzten oder vorletzten Faltabschnitt an, damit sich die Hexentreppe nicht wieder öffnet.

Köpfe an Hexentreppen ankleben

Klebe den letzten Faltabschnitt so an den vorletzten Faltabschnitt an, dass ein letztes Streifenstück (hier gelb) bleibt, das nicht angeklebt ist und herauf- und heruntergeklappt werden kann. Klebe daran nun den Kopf an. Damit das Stück den aufgeklebten Kopf nicht überragt, kürzt du es auf die entsprechende Länge oder rundest es ab.

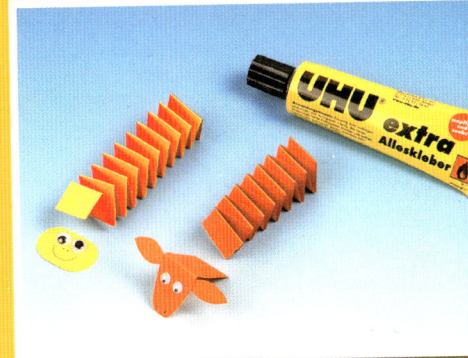

FERNSEHER AUS SCHUHKARTON

Das brauchst du

● ● ●

- Kinderschuhkarton mit Deckel
- 2 Pappbecher

- Packpapierrest
- Kartonrest in Weiß
- 2 Blatt Papier
- Geschenkpapierrolle in Weiß
- feiner Haarpinsel
- breiter Borstenpinsel

- Acrylfarbe in Weiß, Blau, Grün, Gelb, Rot und Braun
- Kreppklebeband
- UHU Stick
- Bleistift

1. Schneide in den Schachteldeckel eine Öffnung mit den Maßen 12 cm x 15,5 cm. Das ist der Bildschirm.

2. Stelle die Schachtel ohne Deckel aufrecht hin und schneide mit etwas Abstand zur Rückwand einen Schlitz in die Schachtel, der über beide Seitenflächen und die Decke läuft.

3. Schneide zwei Pappbecher jeweils längs ein und befestige beide Becher – Schlitz an Schlitz – an den Seitenwänden mit Kreppklebeband.

4. Bemale das Ganze von innen und außen mit weißer Acrylfarbe. Schneide Schalter, Knöpfe und einen Bildschirmrahmen aus und klebe sie auf.

5. Aus einem Kartonrest kannst du eine zu deinem Film passende Kulisse ausschneiden, anmalen und in den Schachtelboden kleben.

6. Für den Film benötigst du lange Papierstreifen mit derselben Höhe wie deine Schachtel. Schneide die Geschenkpapierrolle passend zu, sodass sie 12 cm hoch ist. Male deinen Film auf diese Rolle.

7. Für den Spulmechanismus rollst du mithilfe eines Bleistifts jeweils ein Blatt Papier zu einer festen engen Rolle. Fixiere die Papierstäbe mit Kreppklebeband an einem Ende des Filmstreifens. Film ab!

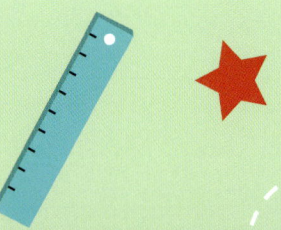

MIX-MAX-SPIEL

1. Lass dich in sechs möglichst verschiedenen Outfits fotografieren. Stelle dich dazu immer in der gleichen Position auf, am besten vor einer Wand. Drucke die Fotos zusammen mit einem Erwachsenen dann in der Größe 9 cm x 13 cm aus.

2. Aus dem Fotokartonrest fertigst du dir eine Schablone an: Sie sollte so breit wie ein Würfel und so lang wie alle 3 Würfel nebeneinander sein.

3. Lege die Schablone auf die Vorderseite des Fotos und zeichne das Rechteck mit Bleistift auf. Schneide die Bilder sorgfältig aus.

4. Zeichne nun auf die Rückseite des Fotos die einzelnen Würfel an und schneide deine Fotos in je drei Teile.

5. Klebe die Teile der Reihe nach auf die Würfel. Lass den Kleber trocknen und fertig ist das Mix-Max-Spiel!

Das brauchst du

- 3 Holzwürfel, ca. 3,5 cm x 3,5 cm
- 6 verschiedene Fotos, je 9 cm x 13 cm
- Fotokartonrest, Farbe nach Wunsch
- Lineal
- Bleistift
- Uhu Kraftkleber

ZAUBERHAFTES
FEENSCHLOSS

Das brauchst du

●●●

- 3 Klopapierrollen
- 3 Küchenrollen
- Geschenkpapier in Rosa mit weißen Punkten und in Pink mit weißen Punkten
- Acrylfarbe in Flieder, Pink, Reseda und Weiß
- Hologrammfolie in Silber und Pink, A4
- Tonpapierrest in Gelb

- 2 Pompons in Silberglitzer, ø 2 cm
- Zackenlitze in Rosa, 0,7 cm breit, 16 cm lang
- Papierspitze in Weiß, 1 cm breit, 32 cm lang
- Pomponband in Pink, 1 cm breit, 16 cm lang
- Kreisstanzer, ø 2,5 cm
- 2 Holzperlen in Flieder, ø 1 cm
- 2 Zahnstocher
- Stoffrest in Flieder mit weißen Punkten und in Rosa-Weiß kariert

- 16 bunte Strassherzen in verschiedenen Größen
- Glitzerpapierrest in Gold
- Graupappe, 21 cm x 19 cm
- Buntstift in Orange
- Bleistift
- Bogenschere
- Klebstoff

Vorlagen
Seite 130

1. Kürze eine Klopapierrolle auf 7 cm. Die Küchenrollen kürzt du auf 14,5 cm, 16 cm und 20 cm. Aus den verbleibenden Resten schneidest du zwei Ringe von je 5 cm Höhe zu. Male die Teile wie auf dem Foto mit Acrylfarbe an bzw. umklebe sie mit Geschenkpapier.

2. Jetzt schneidest du alle Folien- und Papierteile zu. Schneide den oberen Abschlussrand aus dem goldenen Glitzerpapier zwei Mal zu. Die Dächer schneidest du aus der Hologrammfolie je zwei Mal zu – die pinkfarbenen Dächer zusätzlich am unteren Rand mit der Bogenschere. Schneide die Fenster aus dem gelben Tonpapierrest aus und bemale die Ränder mit orangefarbenem Buntstift. Klebe die Dächer tütenförmig zusammen.

3. Klebe nun die ausgeschnittenen Fenster auf die Schlosstürme. Dann klebst du die oberen Ränder aus Glitzerpapier an, genauso wie die Zackenlitze, das Pomponband und das Papierband. Bringe um die rosa-weiß gepunkteten Türme einige Strassherzen an. Die zwei pinkfarbenen, je 5 cm hohen Türme schneidest du an zwei Stellen je 1,5 cm tief ein. Stelle sie dir hierfür auf die rosa-weiß gepunkteten Türme und zeichne dir mit Bleistift die Stellen an, an denen du die Türme aufstecken möchtest. Für den großen lilafarbenen Turm stanzt du aus pinkfarbener Glitzerfolie zwei Fenster aus und klebst sie auf. Dann die Dächer fixieren.

FERTIG!

4.

Nun klebst du je einen Glitzerpompon auf die pinkfarbenen Dächer. Schneide die oberen Spitzen der silberfarbenen Dächer etwas ab. Male die Zahnstocher mit weißer Acrylfarbe an und lass sie gut trocknen. Schneide die Fahnen aus den Stoffresten wie auf der Vorlage aus. Jetzt ziehst du je eine fliederfarbene Perle auf die Zahnstocher und klebst sie in die Dachspitzen ein. Um den oberen Rand klebst du die Fahnen.

5. Bemale das Rechteck aus Graupappe in Reseda. Gut trocknen lassen. Dann das Schloss auf die Graupappe kleben, indem du die unteren Ränder der Schlosstürme mit Alleskleber bestreichst. Nun können deine Feen einziehen!

WITZGESICHTER

Das brauchst du

- alte Zeitschriften
- Magnetband oder Magnetfolie
- doppelseitiges Klebeband
- Schere
- ggf. flüssiger Klebstoff
- ggf. Papprest
- ggf. kleine, flache Magnete

1. Suche aus den Zeitschriften möglichst unterschiedliche großformatige Gesichter aus.

2. Schneide aus den Gesichtern Augen, Nasen, Münder, Brillen und Bärte grob aus.

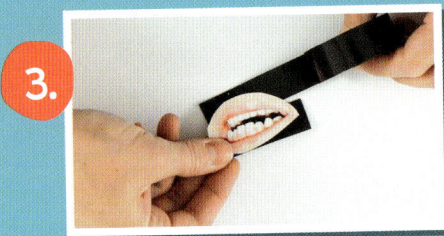

3. Jetzt die Gesichtsteile mit doppelseitigem Klebeband auf das Magnetband kleben.

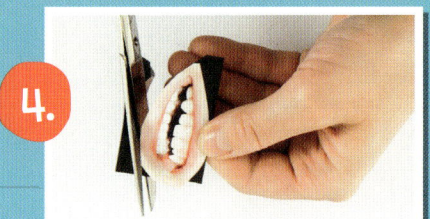

4. Schneide die Umrisse möglichst exakt nach.

5. Jetzt kannst du mit den Magneten auf einer Metallunterlage (z.B. Kühlschrank) lustige Gesichter zusammenstellen.

TIPP:
Du kannst die Gesichtsteile auch mit doppelseitigem Klebeband erst auf Pappe und dann auf kleine, flache Magnete kleben.

BECHERKRAKEN

1. Schneide einen Pappbecher als Schablone auseinander und entferne den Rand und den Boden.

2. Zeichne die Schablone auf dem Papier nach. An einer der kurzen Seiten 1 cm Überstand lassen. Die Kontur ausschneiden.

3. Klebe das Papier auf den zweiten Pappbecher. Drücke es fest an und lasse es trocknen.

4. Stich mit der Nadel im Abstand von ca. 1,5 cm rundherum Löcher in den Rand.

5. Falte für jedes Loch zwei ca. 40 cm lange Wollfäden in der Mitte. Fädle die Faltstelle durch ein Loch und ziehe die Fadenenden durch die Schlinge.

6. Male oder klebe ein Gesicht auf. Ziehe ein Stück Kordel als Aufhänger durch zwei Löcher im Becherboden und verknote sie.

Das brauchst du

- Pappbecher
- Papier nach Wunsch
- Wolle
- ggf. Wackelaugen
- Kordel als Aufhänger
- Klebestift
- Bleistift
- dicke Wollnadel
- Schere

HASENPARADE

Das brauchst du

pro Kette

- Tonpapier in Hellbraun, A4
- Tonpapierrest in Weiß
- Motivpapierreste in verschiedenen Farben und Mustern, Rückseite einfarbig
- Baumwollfaden in Weiß, 4 m lang
- 6 Klebepunkte in Weiß, ø 8 mm
- Filzstift in Gelb, Pink und Blau

- Stanzer „Schleife", 2,5 cm breit
- Stanzer „Stern", ø 2,3 cm
- Stanzer „Herz", 2,3 cm hoch
- Stanzer „Blüte", ø 2,3 cm
- Schere
- Klebstoff

Vorlagen
Seite 130

TIPP:
Wenn du keine Motivstanzer kaufen möchtest, kannst du die Motivvorlagen auch einfach selbst zeichnen und aus Tonpapier ausschneiden.

1. Schneide die Hasenkörper aus dem Tonpapier und die Kleidchen aus verschiedenen Motivpapierresten der Vorlage nach jeweils doppelt aus.

2. Teile den Baumwollfaden in vier Stücke. Zuerst klebst du die braunen Hasenkörper von vorne und hinten auf, dann setzt du die jeweilige Kleidung auf. Die bunten Ziermotive klebst du auf und malst das Gesicht mit Filzstift auf. Als Blütenmitten setzt du bunt bemalte Klebepunkte.

3. Hänge die Ketten in unterschiedlichen Höhen auf, z.B. an deine Zimmertür.

FERTIG!

WITZIGE EIERBECHER

1. Kürze die Klopapierrollen auf eine Länge von 7 cm.

2. Schneide aus dem Geschenkpapier zwei Rechtecke von je 7 cm x 17 cm zu und klebe sie um die Klopapierrollen.

3. Binde dann die Chiffonbänder je zu einer Schleife und klebe sie zusammen mit dem farblich passenden Herzknopf am oberen Rand der Eierbecher fest.

4. Nun schneidest du die Füße nach der Vorlage aus. Knicke die Enden ungefähr 0,5 cm um und befestige in der Mitte des umgeknickten Stückes je ein Klebepad. Zum Schluss drückst du die Füße von innen gegen die Klopapierrollen. Der Hit auf jedem Frühstückstisch!

Das brauchst du

●●●

- 2 Klopapierrollen
- Geschenkpapierreste in Rosa gepunktet und Gelb gepunktet
- Fotokartonreste in Weiß und Orange
- Chiffonband in Rosa und Gelb, 0,5 cm breit, 20 cm lang
- Herzknopf in Rosa und Gelb, 1,5 cm x 1,5 cm
- 4 Klebepads
- Klebstoff

Vorlagen
Seite 130

TIPP:
Koche ein paar Eier ab, male Gesichter darauf und verziere die Eierköpfe mit selbstgestalteten Hasenohren oder einem Kükenschnabel – schon hast du ein schönes Geschenk für Ostern.

EIN HERZ AUS KÄSE

Das brauchst du

● ● ●

pro Maus
- Scrapbook-Papier in Hellblau-Weiß gestreift, 2 x 3 cm x 48 cm (Rumpf), 0,5 cm x 23 cm (Schwanz), 4 x 1 cm x 12 cm (Arme), 1,5 cm x 5 cm (Hals)
- Fotokartonrest in Gelb

- Plastikhalbperlen in Schwarz, 1 x ø 8 mm und 2 x ø 6 mm
- Blumendraht in Braun, lackiert, ø 0,35 mm, 2 x 7 cm lang
- Buntstift in Dunkelgelb
- Seitenschneider
- Vorstechnadel

Vorlagen
Seite 131

1. Schneide für den Rumpf der Maus zwei Streifen zu. Falte dann die Streifen zu einer Hexentreppe und klebe den letzten Faltabschnitt an.

2. Nun sind die Arme und Beine an der Reihe: Schneide dazu vier Streifen zu und falte je zwei zu Hexentreppen. Achte darauf, am Anfang nicht den ersten, sondern den zweiten Faltabschnitt und am Ende nicht den letzten, sondern den vorletzten Faltabschnitt anzukleben. Bestreiche die letzten Faltabschnitte mit Klebstoff und befestige sie unterhalb des zweiten Zackens am Rumpf. Runde die anderen überstehenden Faltabschnitte mit der Schere zu Pfoten ab. Schneide das Hinterbein doppelt aus und klebe es unten am Rumpf an. Der Schwanz wird an einem Ende mit der Schere abgerundet und mit dem anderen Ende unten am Rumpf angeklebt.

3. Fertige vom Kopf eine Schablone an, übertrage die Umrisse auf das Papier und schneide ihn aus. Stich vier Löcher für die Barthaare mit der Vorstechnadel ein und ziehe die beiden Drähte durch. Klebe die Halbperlen als Nase und Augen auf. Schneide nun einen Streifen für den Hals zu, runde ihn an den Enden mit der Schere ab und falte ihn in der Mitte. Bestreiche eine Hälfte mit Klebstoff und klebe sie diagonal auf den Rumpf. An der anderen Hälfte wird der Kopf angeklebt.

4. Fertige eine Schablone von dem Herz an und übertrage es auf den gelben Karton. Schneide es aus und fahre die Ränder mit Buntstift nach. Klebe das Herz auf den gelben Karton und schneide die Umrisse nach.

AUßERIRDISCHE PUSTEMONSTER

1. Rühre in verschiedenen Behältern Deckfarben an. Gieße von jeder Farbe einen dicken Klecks dicht nebeneinander auf das Papier.

2. Puste von der Farbenmitte aus mit dem Strohhalm kräftig auf die Farbkleckse. Die Farben mischen sich teilweise und verbreiten sich in alle Richtungen. Mit dem Strohhalm „jagst" du nun die einzelnen Stacheln weiter auf deinem Blatt.

Das brauchst du

- Deckfarbenkasten
- Zeichenblock, A3
- Blatt Papier
- Pinsel
- kleine Behälter, z.B. Joghurtbecher
- Strohhalm
- Wackelaugen, ø 0,5 cm–2,5 cm
- Filzstift in Schwarz
- Tafelkreide in Dunkelblau, Hellbraun und Gelb
- Schere
- UHU Bastelkleber

3. Mit etwas Fantasie kannst du Arme, Beine und Kopf erkennen. Wenn alle Farbe verpustet ist, lässt du das Bild gut trocknen. Dann klebst du den Monstern Wackelaugen auf. Mit einem Filzstift malst du jedem einen großen, bizarren Mund. Schneide aus dem weißen Papier ein paar spitze Zähne aus und klebe sie den Monstern an.

4. Den Hintergrund gestaltest du mit Tafelkreide. Ziehe die Breitseite der hellbraunen Kreide in einem großen Bogen über das Blatt. So deutest du eine Mondlandschaft an. Male mit der Kreide einige Krater auf den Planeten.

5. Das Weltall malst du mit blauer Kreide. Halte ein wenig Abstand von den Pustemonstern, damit du sie nicht übermalst. Mit deinem Finger verwischst du die Kreide anschließend mit kreisenden Bewegungen. Rund um deine Monster verstreichst du nur wenig Kreidepulver. So bleiben ihre grellen Farben erhalten.

SÜßIGKEITEN-TRANSPORTER

Das brauchst du

●●●

- Luftballon
- Tapetenkleister
- ggf. Holzleim
- alte Zeitungen
- 2–3 Bögen Kopierpapier in Weiß

- Acrylfarbe in Gelb, Rot und Orange
- 4 Papierstrohhalme in Weiß-Blau, je 23 cm lang
- Scrapbookingpapier in Blau mit Schrift, 30,5 cm x 30,5 cm und Reste in Blautönen

- Häkelbordüre in Weiß, 1,2 cm breit, 45 cm lang
- Heißkleber

Vorlagen
Seite 131

1. Rühre den Kleister nach Packungsanleitung an und lass ihn gut durchziehen. Puste den Ballon auf und verknote das Ende.

2. Reiße jetzt das Zeitungs- und das Kopierpapier in viele 3 cm x 5 cm große Stücke. Beklebe den Luftballon rundherum mit den Zeitungspapierschnipseln, bis er ganz damit bedeckt ist. Dies wiederholst du noch zweimal.

3. Über die Zeitungsschnipsel kommen nun noch zwei Lagen weiße Papierschnipsel. Danach stellst du den Luftballon in eine Schüssel und lässt ihn gut trocknen. Das dauert etwa 1–2 Tage. Stich dann ein Loch in den Ballon, hole ihn aus der Pappmaschee-Kugel und schneide den unteren Rand gerade zu.

4. Zeichne mit einem Bleistift das Muster des Ballons auf: Zuerst ziehst du eine Linie in der Mitte rund um den Ballon. Die beiden entstandenen Hälften unterteilst du dann noch mal in acht gleiche Teile.

5. Bemale die einzelnen Felder wie auf dem Bild zu sehen oder nach deinen Wünschen. Lass die Farbe zwischendurch immer wieder gut trocknen.

6.

Jetzt zeichnest du mit einem dünnen Pinsel die orangefarbenen Muster auf die weißen Felder.

7.

Übertrage die Vorlage für den Ballonkorb auf das beschriftete blaue Papier und schneide sie sorgfältig aus. Dann klebst du den Korb an den Klebeflächen zusammen.

8.

Lass dir von einem Erwachsenen die vier Strohhalme mit Heißkleber zuerst innen am Korb und dann an die Innenseite des Ballons kleben.

FERTIG!

9. Fertige viele Dreiecke in Blautönen an und klebe sie als Girlande an deinen Ballon. Zuletzt verzierst du den Ballonkorb noch mit der Häkelbordüre.

19

ALLE MANN AN DECK!

Das brauchst du

●●●

- 10er-Eierkarton mit acht-eckigen Schälchen
- 2 6er-Eierkartons mit spitzen Zapfen
- 4 Wattekugeln, ø 3,5 cm
- 8 Wattekugeln, ø 1 cm
- 4 Pompons in Weiß, ø 1 cm
- Chenilledraht in Hautfarbe, ø 0,7 cm, 32 cm lang
- Chenilledrahtrest in Blau, ø 0,7 cm, 10 cm lang
- Wollrest in Gelb
- Schleifenband in Gelb gepunktet, 0,5 cm breit, 60 cm lang
- Acrylfarbe in Blau, Rot, Weiß, Hautfarbe, Hellblau und Braun
- wasserfester Stift in Schwarz
- Buntstift in Braun und Rot

Vorlagen
Seite 131

1. Trenne von dem 10er-Eierkarton und den beiden 6er-Eierkartons die Deckel ab. Schneide acht Schälchen für die Schiffsbe-satzung und vier Zapfen für die Matrosen-hütchen zu. Dann malst du vier Schälchen in Weiß für die Hosen, drei in Hellblau für Oberteile der Matrosenjungen und eines in Rot für das Matrosenmädchen an. Male drei der Zapfen blau und einen rot an. Ist die Farbe getrocknet, kannst du die Strei-fen aufmalen. Trocknen lassen. Klebe die Körper zusammen: Klebe dazu immer ein Oberteil und eine Hose gegeneinander.

2. Die Wattekugeln für Köpfe und Hände malst du hautfarben an. Ergänze die Gesichter und klebe die Köpfe auf die Matrosenkörper.

3. Für die Matrosenarme teilst du den hautfarbenen Chenilledraht in acht Teile von je 4 cm und klebst an je ein Ende die kleinen Wattekugeln als Hände an. Das andere Ende klebst du seitlich am Körper fest, knickst bei den Matrosenjungen immer einen Arm in der Mitte und klebst die Hände an den Kopf.

4. Für die Haare des Matrosenmädchens schneidest du 11 cm lange Wollfäden zu-recht und klebst sie an. Für die Zopfgummis teilst du den blauen Chenilledraht in zwei gleiche Teile und schlingst ihn um die Zöpfe.

5. Klebe den Matrosen ihre Mütze an. Die Mützen der Jungs sollten schräg sitzen. Klebe die Pompons auf die Mützen. Schnei-de noch das Schleifenband in vier Teile von je 15 cm und knote es den Matrosen als Halstuch an.

TEE-SCHIFFCHEN

1. Falte zunächst kleine Schiffchen: Falte das Papier in der Mitte. Knicke das Rechteck nochmal mittig zu einem noch kleineren Rechteck, klappe es wieder auf. Die offene Seite zeigt nach unten. Knicke nun die oberen Ecken zur Mittellinie. Klappe die überstehenden Ränder auf Vorder- und Rückseite nach oben. Falte das Dreieck auf und drehe es so, dass ein Quadrat entsteht. Falte die unteren Ecken nach oben. Öffne es nochmal und ziehe die Ecken nach links und rechts auseinander, sodass ein Schiffchen entsteht.

Das brauchst du

● ● ●

- Teebeutel
- Faltpapier, 5 cm x 7 cm
- Nähnadel
- Teefilter, 9 cm x 15 cm oder 10 cm x 15 cm

(alternativ Klarsicht-tütchen)
- Motivpapier, 9 cm x 10 cm oder 11 cm x 10 cm
- Bürohefter

2. Schneide das Schildchen vom Teebeutel ab. Fädle das Ende der Schnur auf die Nähnadel und stich sie durch die Spitze des Faltschiffchens. Verknote den Faden.

3. Zum Verpacken kannst du ein oder mehrere Schiffchen in ein Klarsichttütchen oder einen Teefilter packen.

4. Knicke das Motivpapier für die Manschette in der Mitte und befestige sie mit dem Hefter am Beutel.

WINDMÜHLEN

1.

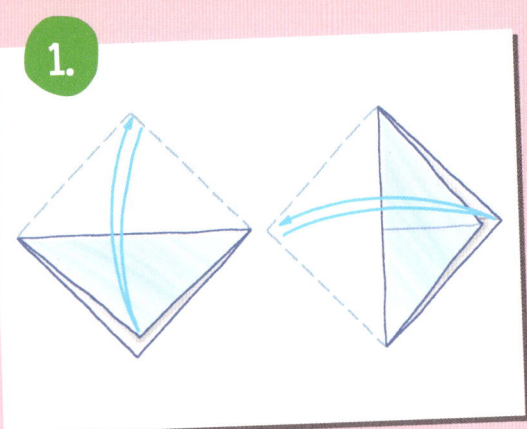

Falte das Origamipapier zweimal diagonal.

2.

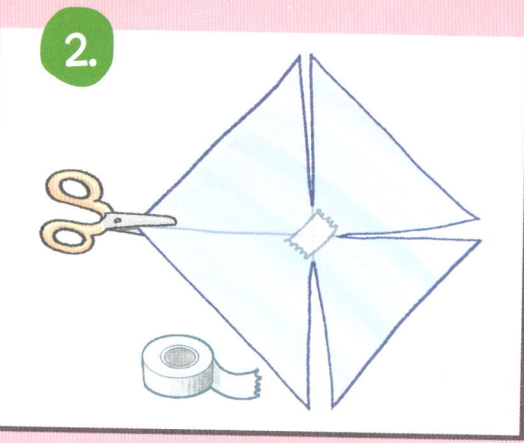

Schneide nun alle Ecken entlang der diago-nalen Linien bis 1,5 cm vor dem Mittelpunkt ein. Setze ein kleines Stück Klebeband in den Mittelpunkt.

3.

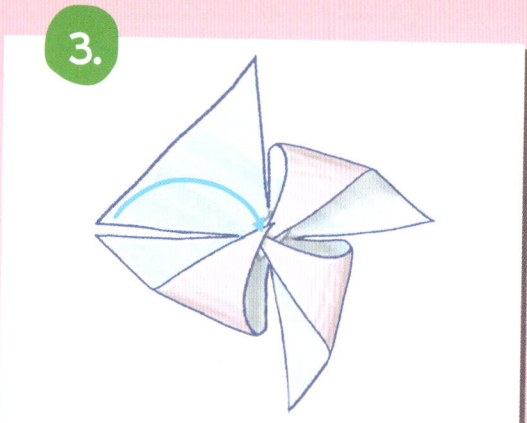

Drehe jede zweite Papierspitze von den Ecken zur Mitte hin und befestige sie dort.

4.

Zum Schluss die Windmühle oben an den Holzstab legen, die Reißzwecke durch den Mittelpunkt drücken und mit einem kleinen Hammer in den Stab einschlagen. Lass dir dabei am besten von einem Erwachsenen helfen.

FERTIG!

VERRÜCKTE BRILLEN

1.

2.

Schneide aus deinem Eierkarton vier Schälchen, je 2,5 cm hoch, aus. Mit einer spitzen Schere schneidest du aus den Schälchenböden je einen Kreis aus (ø ca. 2 cm).

Male die Schälchen bunt an und lass die Farbe trocknen. Dann kannst du die Brillen nach Lust und Laune verzieren. Farbe wieder trocknen lassen.

3. Für Brillenbügel und Brillensteg teilst du den Chenilledraht in zwei 12 cm lange Teile und ein 6 cm langes Stück. Knicke alle Drähte ca. 0,5 cm um, damit du keine scharfen Kanten hast. Dann knickst du den Steg zu einem U und klebst ihn zwischen die Brillengläser. Die Brillenbügel biegst du an einem Ende rund und klebst sie seitlich an der Brille an der Innenseite fest.

FERTIG!

MAGISCHE EINHÖRNER

1.  Knicke die Klopapierrollen so, dass sie flach auf der Unterlage liegen. Stelle dir Schablonen her, lege sie auf die Rollen und zeichne die Umrisse für die Beine und den Körper mit Bleistift nach. Dann schneidest du alles entlang der Linien aus.

2. Male die Einhornkörper mit weißer bzw. pinkfarbener Acrylfarbe an. Lass die Körper gut trocknen.

3. Schneide aus Tonpapier die Gesichter aus und ziehe die Ränder mit grauem bzw. pinkfarbenem Buntstift nach.

4.

Knicke den Einhornhals etwas nach außen um. Male die Gesichter mit schwarzem Filzstift und rotem Buntstift auf. Die Lichtpunkte in den Augen malst du mit weißem Lackmalstift. Schneide danach aus der Hologrammfolie zwei Hörner zu.

Das brauchst du

●●●

- 2 Klopapierrollen
- Acrylfarbe in Weiß und Pink
- Tonpapierreste in Pink, Weiß und Elfenbein
- Wollreste in Weiß und Pink
- 2 Strassherzen in Silber, ca. 1 cm x 1 cm

- Hologrammfolienrest in Silber
- Buntstifte in Grau, Pink und Rot
- Filzstift in Schwarz
- Lackmalstift in Weiß
- Bleistift
- Klebstoff

Vorlagen
Seite 132

5. Jetzt kannst du die Köpfe am Hals der Einhörner fixieren. Klebe die Hologrammfolie tütenförmig zusammen und bringe die Hörner mit Alleskleber an. Schneide fünf je 7 cm lange Wollfäden in Pink bzw. Weiß zu und klebe sie an die Einhornkörper. Zum Schluss klebst du die Strassherzen wie auf der Abbildung auf.

WIR LIEBEN BLUMEN!

Das brauchst du

pro Schaf
- Tonpapier in Weiß, 4 cm x 40 cm und 2,5 cm x 60 cm (Rumpf), 1 cm x 3 cm (Hals)
- Tonpapierrest in Schwarz
- Scrapbook-Papierrest in Grau

Vorlagen
Seite 132

1. Falte zuerst die Hexentreppe für den Rumpf, schneide die Überstände ab und klebe den letzten Faltabschnitt an.

2. Fertige von den Einzelteilen Schablonen an, übertrage die Umrisse auf Papier (die Hufe werden viermal benötigt) und schneide die Motivteile aus. Falte die Hufe an der gestrichelten Linie und klebe sie hinter dem ersten und vor dem letzten Zacken am Rumpf an.

3. Klebe den Wollschopf mit zwei Abstandsklebepads auf die Stirn. Male die weißen Augen sowie die schwarzen Pupillen und die Nasenlöcher auf. Falte den Hals in der Mitte, bestreiche ein Ende mit Klebstoff und klebe es von hinten an den Kopf. Das andere Ende nach dem ersten Zacken so in den Rumpf kleben, dass der Kopf etwa 5 mm über den Rumpf hinausragt. Der Kopf kann leicht schief angeklebt werden.

FERTIG!

SCHNIPSELSTERN

1. Überlege, welche Farben dein Stern bekommen soll und reiße das entsprechende Transparentpapier in kleine Stücke.

Das brauchst du

● ● ●

- Transparentpapier in Weiß mit Schnörkelmuster, A4
- Transparentpapierrest in Pink, Orange, Gelb, Hellblau und Dunkelblau

- UHU Stic
- Klebefilm
- Kinderschere

Vorlagen
Seite 139

2.

Bestreiche das weiße Transparentpapier mit Klebestift und verteile die bunten Schnipsel darauf. Es ist nicht schlimm, wenn am Ende noch weißes Papier zu sehen ist!

3. Zeichne nach dem Trocknen den Stern von der Vorlagenseite auf die Rückseite der Schnipselarbeit.

4. Schneide den Stern aus und klebe ihn mithilfe von Klebefilm ans Fenster.

EULENMOBILE

Das brauchst du

Mobile
- geglühter Stieldraht, ø 1,4 mm, 30 cm lang (Mobilebügel)
- geglühter Blumendraht, ø 0,35 mm

pro Eule
- Maulbeerbaumpapierrest in Dunkelbraun
- Tonpapierreste in Gelb und Dunkelbraun
- Baumwollfaden in Dunkelbraun

pro Stern
- Maulbeerbaumpapierrest in Gelb
- Tonpapierrest in Gelb

Vorlagen
Seite 133

1. Schneide die Eulenteile aus und male mit Filzstift die Augen auf. Den Schnabelumriss mit dem Cutter v-förmig einschneiden und nach vorn klappen. Dann das gelbe Schnabelteil und die Augen aufkleben. Lass dir mit dem Cutter von einem Erwachsenen helfen.

2. Falte das Flügelpaar entlang der gestrichelten Linien zum Fächer, indem du das Papier abwechselnd hin und her faltest, und loche ihn mit der Lochzange gemäß der Vorlage zweimal seitlich der Mitte. Den Körper lochst du viermal.

3. Um die Flügel zu befestigen, ziehst du die Enden des Fadens von vorn durch die unteren Löcher am Körper und dann auf der Rückseite durch die Flügellöcher. Den Faden oberhalb des Flügelpaares verknoten. Ein Fadenende durch ein Loch im Hals nach vorn und durch das andere Loch wieder nach hinten ziehen. Schließlich die Fadenenden verknoten und abschneiden.

4. Schneide die Sterne aus Tonpapier und Maulbeerbaumpapier aus, klebe sie aufeinander und durchstich sie mit der Vorstechnadel.

5. Jetzt kannst du mit Blumendraht eine beliebige Anzahl Eulen und Sterne an den mit der Rundzange gebogenen Mobilebügel hängen.

TIPP:
Einen tollen Effekt erzielst du, wenn du bei den Sternen anstatt des gelben Tonpapiers nachtleuchtendes Papier verwendest. Auch die Augen der Eulen kannst du so leuchten lassen und das Mobile wird auch nachts zu einem echten Hingucker!

FERTIG!

VON EINEM ANDEREN STERN

Das brauchst du

Ufo
- 2 Pappteller, ø 23 cm
- Acrylmallack in Silber
- Pappbecher, ø 7 cm, 9 cm hoch
- Stanzer „Stern", ø 2,5 cm
- Glitzerkarton in Rotviolett, A4
- 6 Glitzersteine, 1,5 cm x 1,5 cm

Aliens
- 2 Pappteller, ø 20,5 cm
- Acrylfarbe in Reseda und Flieder
- 2 Wattekugeln, ø 3 cm
- 2 Schaschlikstäbchen
- Fotokartonreste in Gelb, Orange, Weiß und Schwarz
- Stanzer „Kreis", ø 2,5 cm
- Filzstift in Schwarz

Vorlagen
Seite 132

2. Klebe beide Pappteller gegeneinander an den Rändern zusammen und das Becherstück oben in die Mitte eines Tellers. Dann stanzt du 12 Sterne aus dem Glitzerkarton aus und klebst sie gleichmäßig rundum auf den Rand. Zum Schluss klebst du die Glitzersteine um den Becher.

Ufo
1. Male die Pappteller auf den gewölbten Außenseiten mit der silbernen Farbe an. Schneide von dem Papp-becher unten 4 cm ab und bemale dieses Becherstück ebenfalls in Silber. Lass die Farbe gut trocknen.

Aliens
1. Male je einen Teller in Reseda bzw. Flieder an. Stecke die Wattekugeln für die Nasen auf Schaschlikstäb-chen und male sie ebenfalls in bei-den Farben an. Lass die Farbe gut trocknen.

2. Fertige nach den Vorlagen Scha-blonen für die Ohren, Augen und Zähne an und schneide sie aus gel-bem, orangefarbenem und weißem Fotokarton aus. Die Pupillen stanzt du viermal mit dem Kreisstanzer aus schwarzem Fotokarton aus.

3. Male mit schwarzem Filzstift den Mund der Aliens auf. Dann klebst du die Wattekugeln als Nasen und alle Fotokartonteile auf. Tupfe einige resedafarbene bzw. fliederfarbene Punkte auf die Ohren.

SPECHT

Das brauchst du

●●●

- Papier
- bunte Filzstifte
- Strohhalm
- großer Haushalts-
  gummi

- 2 kleine Holzperlen
  oder Stöckchen
- Klebestift
- Schere

Vorlagen
Seite 136

1. Übertrage die Vorlage auf das Papier und schneide sie aus.

2. Bemale beide Vogelhälften nach Lust und Laune mit Filzstiften.

3.  Klebe ein Stück Strohhalm in die Mitte. Schneide den Strohhalm zurecht.

4.  Klebe die beiden Vogelseiten aufeinander und drücke sie fest.

5.  Schneide das Gummi auseinander und ziehe es durch den Strohhalm.

6.  Befestige die Holzperlen beidseitig an den Gummi-Enden. Schiebe den Vogel nach oben an die Perle. Spanne den Gummi senkrecht und lasse den Specht los!

PFUI SPINNE!

Das brauchst du

● ● ○ ○

- 6er-Eierkarton mit achteckigen Schälchen
- Acrylfarbe in Schwarz und Pink
- je 3 x Chenilledräht in Pink und Schwarz, ⌀ 0,7 cm, je 30 cm lang

- 2 ovale Wackelaugen, 1 cm x 1,5 cm
- Pompon in Rosa, ⌀ 0,7 cm
- Filzrest in Weiß

Vorlagen
Seite 137

1. Schneide aus dem unteren Eierkartonteil zwei zusammenhängende, ca. 2,5 cm hohe Schälchen aus. Male sie innen und außen schwarz an. Ist die Farbe trocken, malst du ein pinkfarbenes Kreuz auf einen Schälchenboden. Klebe Wackelaugen und einen Pompon als Nase auf.

Schneide in jeder Chenilledrahtfarbe jeweils acht 9,5 cm lange Stücke zu. Für jedes Spinnenbein verdrehst du je ein pinkfarbenes und ein schwarzes Drahtstück miteinander. Biege diese Stücke zu einem V. Die Drahtenden knickst du jeweils ca. 1 cm nach außen um.

Befestige in jedem Schälchen zwei Spinnenbeine. Schneide die Zähne aus Filz aus und klebe sie innen unterhalb des Gesichts fest.

KEGELSPIEL

1. **Eisbären**
Male die Klopapierrollen mit der weißen Acrylfarbe an. Die Farbe gut trocknen lassen. Male den Mund und die Sommersprossen mit braunem Buntstift auf und klebe die Wackelaugen und den Pompon als Nase auf. Dann malst du die Wangen mit rotem Buntstift auf.

2. Male dir nach der Vorlage acht weiße Filzohren auf und schneide sie aus. Dann klebst du sie von der Innenseite der Klorolle fest.

3. Schneide vier rote Schals je 2,5 cm breit und 26 cm lang aus und schneide sie an den Schalenden zu Fransen ein. Dann bindest du die Schals den Eisbären um.

Pinguine

1. Male die Klopapierrollen außen und innen mit der schwarzen Acrylfarbe an. Die Farbe gut trocknen lassen. Schneide die Pinguinkörper nach der Vorlage fünfmal aus und klebe sie auf die Klopapierrollen.

2. Klebe die Wackelaugen auf und male die Wangen mit Buntstift rot. Jetzt malst du fünf Schnäbel und zehn Füße auf und schneidest sie aus. Klebe nun die Schnäbel und Füße auf die Klopapierrollen.

3. Schneide für die Haare fünf Filzrechtecke von je 2,5 cm x 2 cm zu und schneide die breitere Seite in Zacken bis ungefähr 0,5 cm vor dem Rand ein. Klebe die Haare von der Innenseite der Klopapierrollen über den Gesichtern fest.

Das brauchst du

Eisbären
- 4 Klopapierrollen
- Acrylfarbe in Weiß
- 8 Wackelaugen, ø 1,2 cm
- 4 Pompons in Rot, ø 1 cm
- Buntstifte in Braun und Rot
- Filz in Rot
- Filzrest in Weiß

Pinguine
- 5 Klopapierrollen
- Acrylfarbe in Schwarz
- Tonpapier in Weiß, DIN A4
- 10 ovale Wackelaugen, ø 1,2 cm x 1,5 cm
- Tonpapierrest in Gelb
- Filzrest in Schwarz
- Buntstift in Rot

Vorlagen
Seite 134

WEIHNACHTS-WICHTEL

TIPP:
Du kannst in die Anhänger noch je ein Glöckchen legen, bevor du sie zutackerst, dann klingen Sie schön weihnachtlich.

Das brauchst du

- 4 Klopapierrollen
- Acrylfarbe in Weiß
- Tonpapierrest in Hautfarbe
- Tonpapier in Rot, DIN A4
- 3 rote Pompons, ø 1 cm
- 2 weiße Chenilledrähte, ø 0,7 cm, je 32 cm lang

- 50 Klebepunkte in Weiß, ø 0,7 cm
- Filzstift in Schwarz
- Lackmalstift in Weiß
- Buntstift in Rot
- 4 silberne Klebesternchen, ø 1 cm
- Organzaband in Grün, ø 0,7 cm breit, 80 cm lang
- Hefter und Heftklammern

Vorlagen
Seite 137

1. Male die Klopapierrollen außen mit weißer Acrylfarbe an und lasse die Farbe gut trocknen. Schneide aus dem roten Tonpapier vier Rechtecke von je 4,5 cm x 16,5 cm und aus dem hautfarbenen Tonpapier vier Gesichter nach der Vorlage zu. Jetzt malst du die Augen auf die Gesichter und klebst diese mittig auf die Klopapierrollen. Dann die Rechtecke aus rotem Tonpapier um den oberen Rand der Klopapierrollen kleben.

2. Forme die Klopapierrollen, indem du den Bart parallel zum Gesicht knickst und die Mütze seitlich zum Gesicht.

3. Teile das grüne Band in vier Teile von je 20 cm. Falte die Bandstücke zu Schlaufen und klebe sie mittig auf eine Mützenseite ein. Mit dem Hefter bringst du nun jeweils zwei Klammern in Bart und Mütze an.

4. Male die Wangen mit Buntstift rot und klebe den Pompon als Nase auf. Teile den Chenilledraht in vier Stücke von je 16 cm und klebe sie um den Mützenrand. Jetzt bringst du die Klebepunkte auf der Mütze und die Sternchen auf dem Bart an.

WEIHNACHTSKARTEN

1. Schneide zunächst die Fotokartonstücke wie entsprechend der Maße in der Materialliste zu.

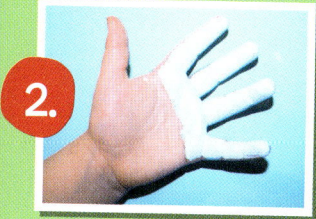

2. Bemale deine Finger mit der Acrylfarbe und drücke sie vorsichtig auf den Fotokarton: Für die Schneemänner brauchst du nur weiße Farbe. Beim Adventskranz bemalst du vier Finger mit roter und den Handballen mit grüner Farbe. Für die Wichtel bemalst du die Fingerkuppen mit Hautfarbe und mit Weiß.

3. Lass die Farbe nun erstmal gut trocknen! Dann klebst du die Fotokartonstücke mit den Handabdrücken auf die Klappkarten.

4. Verziere deine Kunstwerke mit Lackmalstiften bzw. Acrylfarbe: Ergänze die Gesichter, Hüte, Schals oder Ohrenwärmer.

5. Für die Adventskranzkarte schneidest du der Vorlage nach Flammen aus Fotokarton aus. Wenn du möchtest, kannst du sie noch mit einem Buntstift schattieren.

6. Bei der Wichtelkarte darf natürlich das Geschenk nicht fehlen! Klebe die Goldkordel und einen Glitzerstern daran fest und fixiere das Geschenk vor den Wichteln auf der Karte.

7. Jede Karte kannst du zum Schluss noch mit Bändern und Bordüren verzieren.

Das brauchst du

- 2 Klappkarten in Hellgrün oder Rot, 12 cm x 17 cm
- Klappkarte in Hellblau, 15,5 cm x 15,5 cm
- Acrylfarbe in Weiß, Hautfarbe, Rot und Grün
- Fotokarton in Dunkelblau (10 cm x 10 cm), Rosa (12 cm x 10 cm) oder Hellgrün (11 cm x 15 cm)

- Fotokartonrest in Gelb, Glitzergold oder Rot gepunktet (9 cm x 5,5 cm)
- Lackmalstifte oder Buntstifte in Rot, Pink, Braun, Grün, Hellgrün, Gelb und Weiß
- Häkelbordüre in Weiß, 2 cm breit, 12 cm lang, Pomponband in Weiß, 44 cm oder Kordel in Gold, 8 cm und 12 cm

Vorlagen
Seite 135

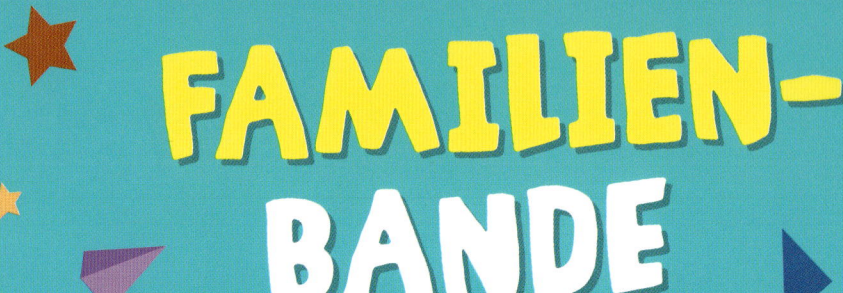

FAMILIEN-BANDE

Das brauchst du

●●●

- Fotokarton
- Papier-, Tapeten- oder Geschenkpapierreste
- Familienfotos

- kleine Tortenspitzen oder Metallfolie
- Bänder, Borten, Bommeln
- Glitzerkram und Edelsteine zum Aufkleben
- Chenilledraht

- Nadel und Faden
- Klebeband
- Klebestift
- Schere

Vorlagen
Seite 136

1. Übertrage die Engelskörper-Vorlage auf Fotokarton und schneide sie mit der Schere aus.

2.

Verziere den Engelkörper mit buntem Papier, Glitzer, Borten usw. Befestige Chenilledraht auf der Rückseite mit Klebeband.

3.

Schneide die Tortenspitze als Flügel zurecht und klebe sie von hinten an den Engel.

4. Wenn du möchtest kannst du stattdessen auch eine Flügel-Vorlage aus Fotokarton herstellen. Übertrage sie auf Metallfolie, schneide sie aus und klebe sie an.

5. Schneide aus Familienfotos die Gesichter aus und klebe sie in den runden Heiligenschein.

6.

Ziehe mit der Nadel einen langen Faden als Aufhänger durch den Heiligenschein und verknote ihn.

FERTIG!

STERNE AUS BUTTERBROTTÜTEN

Das brauchst du

●●●

- 8 Butterbrottüten
- Klebestift
- Schere
- Goldfaden, 12 cm lang
- Büroklammer
- Locher

1. Klebe 8 Butterbrottüten zusammen. Sie sollten schön aufeinanderliegen.

2. Schneide 10 cm vom Boden entfernt an den Längsseiten je eine Zacke bis zum Mittelpunkt der offenen Seite ein.

3. Schneide an den Längsseiten kleine Zacken ein, dabei unterschiedlich viele und tiefe Zacken schneiden.

4.  Stanze mit dem Locher Löcher entlang der Zacken aus.

5.  Bestreiche die Außenseiten der Butterbrottüten mit dem Kleber. Fächere den Stern auf und klebe die Außenseiten aneinander.

6.  Fädle den Goldfaden durch die Büroklammer, verknote die Fadenenden und befestige die Büroklammer an der oberen Sternzacke.

PAPIERRAKETEN

1. Schneide aus dem Papier ein Rechteck (ca. 8 cm x 15 cm) aus.

2. Bemale das Rechteck nach Lust und Laune mit Filzstiften.

3. Lege einen Bunt- oder Bleistift längs auf das Papier. Rolle das Papier über den Stift zu einem Röhrchen.

4. 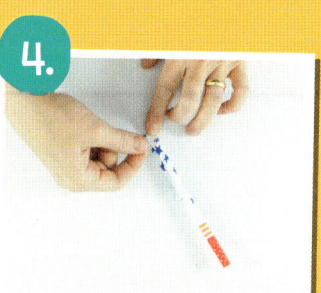 Mit Masking Tape ein Ende des Röhrchens umwickeln. Aber nicht am Stift festkleben!

5. 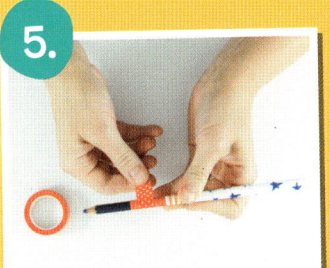 Ca. 1,5 cm vom anderen Ende umknicken und mit Klebeband fixieren.

6. Entferne den Buntstift und stecke stattdessen den Strohhalm in das Röhrchen. Puste … und die Silvesterrakete hebt ab!

RECYCLING

Sicher kennst du das auch, du siehst eine leere Teeschachtel eine Waschmittelflasche oder ein Klorolle und denkst dir: Das kann ich noch gut gebrauchen! Und du hast Recht!

Verwandle alte Pinsel in Superhelden, Korken in eine Zirkusmannschaft oder einen leeren Milchkarton in eine Vogelfutterstation. Egal welche Fundstücke deine Bastelkiste hergibt – hier wirst du garantiert das passende Projekt dazu finden.

Lies dir zu Beginn die Grundanleitung durch, denn hier lernst du, welche Vorarbeiten du machen musst und welche Materialien sich für welche Fundstücke am besten eignen.

Nun sammle dir dein Bastelmaterial und mach was tolles draus!

BASTELN MIT RECYCLING-MATERIAL

Vorarbeiten

Recycling heißt eigentlich nichts anderes als „Wiederverwerten". Du bastelst also aus Abfallsachen tolle Schätze und lustige Spielsachen. Im Müll findest du jede Menge großartige Dinge zum Basteln, z.B. Dosen, Plastikflaschen oder Joghurtbecher. Allerdings solltest du sie ordentlich ausspülen, damit keine Essensreste mehr daran kleben. Sonst fangen deine Bastelwunder irgendwann an zu schimmeln oder zu stinken.

Zu den meisten Recycling-Gegenständen findest du hier im Buch genaue Angaben was Größe oder Farbe betrifft. Generell solltest du aber entspannt bleiben und dein eigenes Ding machen. Ob Fundstücke jetzt exakt passen oder nicht, ist völlig egal. Nimm die Ideen hier im Buch einfach als Anregung. Bestimmt werden deine Eigenkreationen noch viel toller!

Vorsicht

Besonders vorsichtig solltest du im Umgang mit Cutter und Heißklebepistole sein. Der Cutter ist sehr scharf und du solltest ihn nur zusammen mit einem Erwachsenen benutzen. Dasselbe gilt für die Heißklebepistole. Sie kommt öfter zum Einsatz, weil man damit die unterschiedlichsten Gegenstände aneinander kleben kann. Benutze in jedem Fall eine Low Melt Heißklebepistole. Die Temperatur ist niedriger als die der herkömmlichen Klebepistolen. Das heißt, du läufst nicht Gefahr Brandblasen davonzutragen. Aber auch hier gilt: Bitte einen Erwachsenen um Hilfe und tüftle danach alleine weiter!

Kleine Näharbeiten

Mit dem Vorstich (Heftstich) lassen sich Motivteile verbinden. Er ist der einfachste Stich. Mache einen Knoten in das Fadenende, stich mit der Nadel durch den Filz nach unten und im gleichen Abstand wieder nach oben.

Vorlagen übertragen

Für einige Modelle in diesem Buch findest du auf den letzten Seiten Vorlagen. Du kannst sie mit Kohlepapier auf Tonpapier übertragen. Lege dazu das Kohlepapier mit der beschichteten Seite nach unten auf das Tonpapier. Obenauf kommt die Vorlage, die du mit einem Bleistift oder Kugelschreiber nachzeichnest. So drückt sich der Umriss auf das Tonpapier ab und du kannst ihn dann ausschneiden. Wie man Schablonen herstellt kannst du in der Grundanleitung zu Papier und Pappe nachlesen.

Unterlage

Immer, wenn du mit Farbe oder Kleber arbeitest, solltest du eine

Unterlage benutzen. Nimm z.B. ein Stück alten Karton oder ein ausrangiertes Plastik-Tischset.

Alte Klamotten

Ob du Papas alte Hemden, einen Malkittel oder einfach alte aussortierte Klamotten aus deinem Kleiderschrank anziehst – Hauptsache. du trägst beim Basteln etwas, das schmutzig werden darf. Sonst bist du die ganze Zeit damit beschäftigt, darauf zu achten, dass du deine Kleidung sauber bleibt und kannst nicht entspannt basteln.

Farbe

Streiche eine Bastelarbeit lieber zweimal dünn an als einmal dick. Zu viel Farbe auf einmal macht unschöne Streifen. Schaschlikspieße sind die Mal-Geheimwaffe. Zum einen kannst du Perlen, Korken usw. einfach auf die Spieße aufpiken und sie so leichter bemalen. Zum anderen kannst du mit den Schaschlikspießen auch ganz wunderbar malen. Mit der Spitze zeichnest du ganz zarte Linien, mit dem stumpfen Ende lassen sich gut Punkte, z.B. für Augen, auftupfen.

Konservendosen, Eierkartons oder Plastikflaschen kannst du mit Colorspray im Nu mit Farbe umhüllen. Allerdings solltest du

ein paar Dinge beachten. Stelle den Gegenstand, der angesprüht werden soll, in eine große Pappbox und sprühe IMMER draußen. Am besten trägst du auch einen Mundschutz, damit du die feinen Farbpartikel nicht einatmest. Bitte auf jeden Fall einen Erwachsenen um Hilfe, wenn du Sprühfarbe benutzen möchtest!

SEILBAHN

Das brauchst du

●●●

- Teeschachteln, ca. 10 cm x10 cm x 6 cm
- Acrylfarbe in Hellblau und Gelb
- Duct Tape in Türkis
- Strohhalm in Rosa
- 4 Ohrenstäbchen
- Pinsel
- spitze Schere
- UHU Alleskleber Kraft

1. Zuerst zeichnest du je ein ca. 4 cm x 8 cm großes Rechteck auf eine Seite des Teekartons. Dann schneidest du dieses Fenster mit einer spitzen Schere aus.

2. Jetzt pinselst du die Seilbahn mit hellblauer Acrylfarbe an. Die Ohrenstäbchen malst du in Gelb an. Lass alles gut trocknen. Eventuell braucht deine Seilbahn noch einen zweiten Anstrich.

3. Die gelben Ohrenstäbchen klebst du in gleichmäßigem Abstand unter das Fenster der Seilbahn.

4.

Schneide ein ca. 9 cm langes Stück Strohhalm zurecht. Dann schneidest du von dem Duct Tape einen ca. 12 cm langen Streifen ab. Lege die Mitte des Streifens um die Mitte des Strohhalms und klebe ca. drei Viertel der beiden Streifen aufeinander. Die restlichen Streifenenden klebst du auf dem Dach der Seilbahn fest.

5. Jetzt brauchst du nur noch eine Schnur durch den Strohhalm zu fädeln, die Enden des Strohhalms irgendwo festzubinden und schon kann die Fahrt beginnen.

FERTIG!

SUPERHASIS RAKETENRUCKSACK

1. Spüle die Flaschen gründlich aus und schraube die Trinkverschlüsse ab. Dann bemalst du sie mit blauer Acrylfarbe. Du kannst sie auch mit Acryllack ansprühen. Lass die Farbe gut trocknen.

2. Schneide aus Krepppapier 0,5 cm breite Streifen von der Rolle ab. Du brauchst je einen Streifen in Rot, Gelb und Orange. Falte sie auseinander, teile die Streifen in der Mitte und fasse sie zu zwei kleinen bunten Bündeln zusammen.

3. Diese Bündel klebst du jetzt mit Heißkleber in die Öffnung des Trinkverschlusses. Schraube die Verschlüsse dann auf die Flaschen und klebe beide Flaschen an einer Seite mit Heißkleber aneinander.

4. Schneide aus gelbem Tonpapier einen 50 cm x 7 cm langen Streifen zurecht. Aus hellblauem und rotem Tonpapier schneidest du nach Vorlage das Heldenzeichen zu.

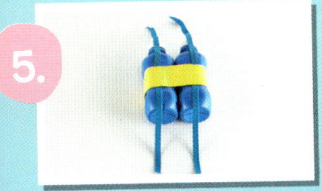

5. Dann schneidest du zwei Stücke Webband (je ca. 40 cm lang) zu, legst sie längs auf die Flaschenrückseiten und klebst sie mit Heißkleber dort fest. Umwickle die Flaschen mit dem gelben Streifen Tonpapier und klebe auch diesen fest.

Das brauchst du

- 2 Plastikflaschen mit Trinkverschluss, je 0,5 l
- Acrylfarbe oder -lack in Blau
- Krepppapier in Gelb, Rot und Orange
- Tonpapier in Gelb, DIN A4
- Tonpapierreste in Hellblau und Rot
- Webband, 80 cm lang
- Pinsel
- Heißkleber
- Schere

Vorlagen
Seite 137

6. Das Heldenzeichen kommt mittig auf die Vorderseite des Raketenrucksacks. Zum Schluss musst du nur noch die Bänder an dein Kuscheltier anpassen, um die Arme legen, mit einer Schleife festbinden und gegebenenfalls kürzen.

ROSIS FRISEUR-SALON

Das brauchst du

● ● ○

- 2 eckige Plastikflaschen, 1,5 l
- Acrylfarbe in Haut, Mint und Gelb
- Wolle in Orange

- 2 bunte Knöpfe, ø 1,5 cm
- Permanentmarker in Rot, Pink und Hellblau
- Cutter mit Schneideunterlage
- spitze Schere
- UHU Alleskleber Kraft

1. Schneide von einer Flasche das obere Drittel und von der anderen das untere Drittel ab. Das Flaschenstück für den Kopf behält seine Schrauböffnung. Schneide aus dem Flaschenstück für den Oberkörper den Verschluss mit einem Cutter oder einer spitzen Schere heraus.

2. Stecke beide Flaschen an der Stelle der Schraubverschlüsse ineinander und verklebe sie mit Kraftkleber.

3.  Bemale die Flaschen mit Acrylfarbe. Den Kopf malst du in Rosa, den Oberkörper in Mint an.

4. Dann zeichnest du das Gesicht mit Permanentmarker auf. Die Knöpfe klebst du mit Kraftkleber vorne auf den Oberkörper.

5.  Für die Haare umwickelst du ein ca. 50 cm breites Stück Pappe mit Wolle. Ordentlich wickeln! Du brauchst ein richtig dickes Knäuel, schließlich willst du später viel zu frisieren haben.

6.  Ziehe das Knäuel ab, verknote es in der Mitte mit einem Extrafaden und schneide die Schlaufen auf.

7. Jetzt kannst du die Haare oben auf den Rand des Kopfes mit Kraftkleber aufkleben und losstylen!

RAMBAZAMBA

1. Fülle den Joghurtbecher mit Reis und klebe einen Deckel aus Fotokarton darauf. Für den Deckel stellst du den Becher verkehrt herum auf den Karton, umfährst ihn einmal mit dem Bleistift und schneidest ihn aus.

2. Umklebe nun den Rand zur Sicherheit auch noch einmal mit Malerkrepp.

3. Jetzt rollst du die Wellpappe zu einem Stiel auf. Dann fixierst du die Enden mit Malerkrepp und befestigst den Stiel damit mittig auf dem Joghurtbecher.

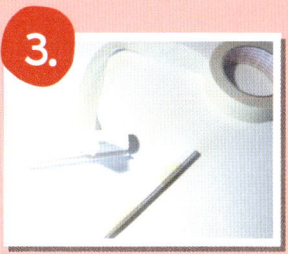

4. Bereite den Tapetenkleister vor und beklebe deine Rassel mit 3 Lagen Zeitungspapier und zwei Lagen Kopierpapier. Es dauert etwa ein bis zwei Tage, bis alles gut getrocknet ist.

5. Zum Schluss bemalst und verzierst du deine Rassel nach Lust und Laune.

Das brauchst du

●●●
- Tapetenkleister
- ggf. Holzleim
- Joghurtbecher
- Wellpappestreifen, 15 cm x 10 cm und 15 cm x 8 cm
- Fotokartonrest in beliebiger Farbe

- Malerkrepp
- 2 EL Reis
- 2 Bögen Zeitungspapier
- 1–2 Bögen Kopierpapier, A4
- Acrylfarbe in Gelb, Pink, Türkis, Blau, Hellgrün, Rot, Orange und Rosa

TIPP: Verschiedene Füllungen (z.B. Erbsen, Linsen oder Glöckchen) ergeben ganz unterschiedliche Töne.

VORHANG AUF!

Das brauchst du

• • •

- Sekt-, Likör- und Weinkorken
- 2 Schaschlikspieße
- Holzkugel, ø 1 cm
- Wolle in verschiedenen Farben
- Acrylfarbe in verschiedenen Farben
- Alufolienrest
- Papperest
- Chenilledraht in Rosa
- Schraubverschluss ø 4,5 cm
- Draht, ca. 35 cm lang
- Masking Tape in Rot, Orange, Pink und Gelb
- Prickelnadel
- Cutter mit Schneideunterlage
- UHU Alleskleber oder Heißkleber

1.

Elefant
Du brauchst einen Sektkorken für den Bauch und einen halben Weinkorken für den Kopf. Für die Beine teilst du einen Weinkorken in vier Teile, zwei dünne Sektkorken-Scheiben werden die Ohren. Eine kleine Spitze aus einem Korkenrest wird der Schwanz. Den Rüssel formst du aus Alufolie und klebst ihn an den Kopf.

2.

Löwe
Schneide von einem Schaschlikspieß 2,5 cm lange Stücke als Beine zurecht. Bohre in den Sektkorken-Körper Löcher für die Beine mit einer Prickelnadel vor und stecke sie hinein. Als Schwanz klebst du eine Holzkugel auf. Für den Feuerring wickelst du ein 35 cm langes Stück Draht um ein Glas (ø 7 cm) und verzwirbelst die Enden. Stecke das lange Ende in einen Schraubverschluss (stich vorher ein Loch hinein). Jetzt umklebst du den Ring mit Feuerstreifen aus Masking Tape.

3.

Gewichtheber
Für den Gewichtheber klebst du einen Wein- und einen Likörkorken aufeinander. Für die Hanteln schneidest du zwei ca. 1,5 cm dicke Scheiben Weinkorken zu, kürzt einen Schaschlikspieß auf 10 cm und steckst das Ganze dann zusammen. Aus zwei 8 cm langen Stücken Chenilledraht formst du die Arme. Für die Muskeln umwickelst du die Arme nochmals mit zwei Extrastücken Chenilledraht.

FERTIG!

4.

Ähnlich wie den Gewichtheber kannst du noch weitere Zirkusleute basteln. Sind alle Figuren fertig, malst du sie nach Lust und Laune an.

5.

Für die Frisuren der Zirkusleute wickelst du Wolle um zwei Finger oder um deine ganze Hand. Ziehe das Knäuel ab, verknote es mit einem Extrafaden, schneide die Schlaufen auf und klebe die Haare auf.

PARTYHÜTCHEN

Das brauchst du

- Fruchtzwergebecher, groß und klein
- Haarband
- selbstklebende Lochverstärker
- Tonpapierreste
- Acrylfarbe in Schwarz
- Satinband in Rot
- Sternchenknöpfe in Rot und Gelb, ø 1 cm
- Gewebeband
- spitze Schere
- Bürohefter
- Locher

1. Bastle dir für deine nächste Party lustige Partyhütchen! Für einen Zylinder z.B. malst du einen großen Fruchtzwergebecher mit schwarzer Farbe an, klebst ein Hutband aus rotem Satinband drum herum und verzierst den Hut noch mit ein paar Sternchenknöpfen.

2. Du kannst auch mit einem Locher nach Lust und Laune aus Tonpapierresten kleine Punkte ausstanzen und sie auf einen Fruchtzwergebecher kleben. Oder du beklebst einen kleinen Fruchtzwergebecher mit Lochverstärkern. Probiere einfach aus, was dir am besten gefällt!

3. Sind alle Becher verziert, nimmst du eine spitze Schere und stichst damit direkt unter dem Rand jedes Bechers an zwei gegenüberliegenden Seiten zwei Schlitze hinein. Lass dir dabei unbedingt von einem Erwachsenen helfen.

4. Dann zerschneidest du das Haarband, fädelst es durch die Schlitze und heftest die Enden wieder zusammen.

5. Damit sich niemand verletzt, wickelst du um die Tackernadeln noch etwas Gewebeband. Jetzt können die Partygäste kommen!

RENNFLITZER

1. Befreie die Waschmittelflasche von Aufklebern und spüle sie gründlich aus. Dann legst du sie quer vor dich hin.

2. Stich mit einer spitzen Schere seitlich zwei Löcher in die Flasche. Die Löcher sollten ca. 1 cm vom Flaschenboden entfernt sein. Das machst du auf der Rückseite genauso. Achte darauf, dass die Abstände zwischen den Löchern gleich sind.

3. Für die Achsen steckst du jeweils durch zwei sich gegenüberliegende Löcher einen Schaschlikspieß. Die Spieße sollten sich gut drehen lassen. Eventuell musst du sie etwas kürzen.

4.
Halbiere die Styropor®kugeln mit einem Cutter und klebe sie mittig in die Innenseite der vier Schraubdeckel.

5. Stecke die Enden der Schaschlikspieße auf die Styropor®kugelhälften und klebe sie dort fest. Schon hat dein Wagen Räder.

6. Jetzt wird verschönert. Schneide nach Vorlage aus Fotokarton Feuerstreifen, Räder-Deko und eine Nummer zurecht. Klebe alles an Ort und Stelle fest und das Rennen kann beginnen!

Das brauchst du

- Waschmittelflasche in Schwarz, 1,5 l
- Fotokarton in Rot, Gelb und Schwarz, DIN A4
- 2 Schaschlikspieße, je 20 cm lang
- 2 Styropor®kugeln, ø 3 cm
- 4 Schraubdeckel in Weiß, ø 8 cm
- spitze Schere
- Cutter mit Schneideunterlage
- UHU Alleskleber

Vorlagen
Seite 135

FERTIG!

RUDI ROBOT

Das brauchst du

●●●

- Weckglas, 1 l
- 2 Konservendosen, ø 6 cm
- Konservendose, ø 8 cm
- 2 Waschmittel-Schraubverschlüsse
- Acryllack in Hochglanz-Silber
- Draht, 30 cm lang
- 2 Deckel von Vitamintablettenrollen
- Klopapierrolle
- Plastikdeckel in verschiedenen Größen
- Etikett-Aufkleber
- Permanentmarker in Schwarz
- Pinsel
- Cutter mit Schneideunterlage
- Heißkleber

1.

Zuerst klebst du vorne mittig den Etikett-Aufkleber auf das Weckglas. Dann sprühst du Glas, Waschmittelschraubverschlüsse und Konservendosen mit Acryllack an und lässt alles gut trocknen.

2.

Ziehe den Aufkleber nun vorsichtig wieder ab.

3.

Als Nächstes klebst du alle Teile in der richtigen Reihenfolge mit Heißkleber zusammen.

4.

Jetzt kümmerst du dich um das Gesicht. Male auf die Plastikdeckel mit Permanentmarker Augen auf und klebe sie mit Heißkleber an Ort und Stelle fest.

5.

Wickle einen 30 cm langen Draht um einen Bleistift, sodass eine Spirale entsteht. Ziehe den Draht ab, biege die Enden nach unten und stecke sie in je einen Tubendeckel der Vitamintablettenrollen. Das Ganze klebst du als Antennen oben auf den Kopf deines Roboters.

6.

TIPP:
Rudi Robot leistet gute Dienste als Spardose. Wenn du magst, kannst du aber auch Kekse oder Kaugummis darin aufbewahren. Oder kleine Schätze...

Für den Mund schneidest du einen Halbkreis aus einer Klorolle zu und klebst ihn dann ebenfalls auf. Die Tubendeckel kommen seitlich an den Kopf und fertig ist dein Roboter mit Sichtfenster.

STREETART SOCKEN

Das brauchst du

●●●

• Sockenpaar in Petrol, Rot und Gelb
• Baumwollstoffreste in Weiß
• wasserfester Stift in Schwarz
• Perlenstift oder 3D-Liner in Weiß

• UHU Textil
• Schere

Vorlagen
Seite 134

1. Du kennst sie sicher, die rätselhaften Einzelsocken, die es nach jeder Wäsche gibt. Hauch ihnen wieder Leben ein!

2.

Schneide Schaft und Ferse der Socke ab.

3. Schneide dir aus den weißen Stoffresten Augen zu. Klebe sie mittig auf.

4.

Wenn der Klebstoff getrocknet ist, nimmst du den wasserfesten Stift und malst die Gesichter auf. Pupillen nicht vergessen!

5. Pickel und Bärte kannst du auch mit einem 3D-Liner aufmalen, dann stehen sie richtig ab!

6.

Stülpe deine Sockenkerle über Zaunspitzen, Knäufe und Stäbe. Verstecke dich und beobachte, wie die Leute auf die kleinen Gesellen reagieren.

MINI-GARTEN

Das brauchst du

● ● ●
- Kressesamen
- kleine Figuren aus der Spielzeugkiste
- 4 große Plastik-schraubdeckel, ø ca. 10 cm
- Küchenpapier

1.

Schnapp dir einen sauberen Schraubdeckel und leg feuchtes Küchenpapier hinein. Dann verteilst du die Samen darauf. Kresse- oder Senfsamen funktionieren am besten, weil sie schnell keimen und auf feuchtem Küchenpapier raketenmäßig wachsen, dazu brauchen sie nicht einmal Erde!

2. Vielleicht willst du eine Stelle frei lassen, damit du später eine kleine Spielfläche hast.

3. Jetzt musst du deinen kleinen Garten nur noch regelmäßig gießen. Schon nach ein bis zwei Tagen keimen deine Samen und nach ca. fünf Tagen ist ein kleiner Dschungel für deine Minifiguren entstanden. Die Stängel der Kresse schmecken übrigens auch prima auf deinem Butterbrot, probier's aus!

TIPP:
Das Ganze funktioniert auch mit anderen Samen und Sprossen, wie z.B. Senfsamen, Alfalfa, Radieschen, Rote Beete und Kichererbsen

IN DER LUFT

Das brauchst du

● ● ●

• Plastiktüte, größer als 30 cm x 30 cm
• Zwirn oder Häkelgarn, 4x 60 cm lang
• Holzperle, ø 2 cm

• Weinflaschenkorken
• Acrylfarbe in Blau, Rot und Schwarz
• Chenilledraht in beliebiger Farbe, ø 9 mm
• Bohrer, ø 2 bis 3 mm

1. Aus dem Korken wird der kleine mutige Mensch gebastelt. Dazu wird er an fünf Stellen angebohrt. Die Bohrlöcher sollten etwa 1 cm tief sein. Oben am Korken bohrst du das erste Loch für den Hals, es folgen seitlich die Löcher für die beiden Arme und dann unten die Löcher für die Beine. Nun kannst du den Korken bemalen. Die Haare malst du mit Acrylfarbe auf die Holzperle, für das Gesicht verwendest du Buntstifte (keine Filzstifte verwenden, denn die Farbe zerfließt). Die Chenilledrahtstücke werden als Hals (3 cm lang), Arme (2x 6 cm lang) und Beine (2x 8 cm lang) in den bemalten Korken eingesteckt.

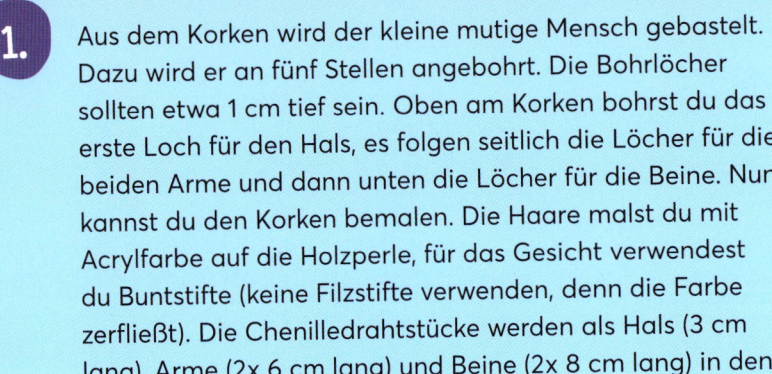

2. Für den Fallschirm schneidest du aus der Plastiktüte ein 30 cm x 30 cm großes Quadrat zu. Fasse eine Ecke des Quadrats und binde diesen Zipfel mit einem Zwirnstück ab. Die anderen drei Ecken bindest du mit den restlichen drei Fäden genauso ab. Halte dann den Fallschirm mit einer Hand an allen vier Fäden nach oben und verknote sie nach 30 cm. Jetzt sollten nach dem Knoten die Fadenenden noch mindestens 10 cm lang sein.

3. Diese Fadenenden werden unterhalb der Arme um den Fallschirmspringer geschlungen und verknotet. Dann kannst du den mutigen Springer von einem Fenster oder Balkon nach unten fallen lassen oder du wirfst ihn möglichst weit hoch.

VOGEL-PLANSCHBECKEN

Das brauchst du

● ● ●

- Tontöpfe, ø 7 cm, 15 cm, 20 cm und 24,5 cm
- Ton-Untersetzer, ø 27 cm
- Acryllack in Rosa, Hellblau, Gelb, Hellgrün und Pink
- Kraftkleber

1. Zuerst malst du die Tontöpfe mit Acryl-farbe an und zwar jeden einzelnen in einer anderen Farbe. Lass den ersten Anstrich trocknen und streich noch ein zweites Mal darüber, sodass die Farben gut decken.

2. Auch der große Ton-Untersetzer bekommt einen doppelten Anstrich. Wenn alles gut getrocknet ist, geht es ans Zusammenbauen. Stelle den größten Topf mit der Öffnung nach unten auf den Boden, den Topf mit 20 Zentimetern Durch-messer stülpst du darüber und über ihn stülpst du den Topf mit 15 Zentimetern Durchmesser.

3. Wenn du sicher gehen willst, dass nichts verrutscht, klebst du die Töpfe mit Kraft-kleber zusammen.

4. Oben auf deinen Turm klebst du den Un-tersetzer. Den kleinsten Tontopf klebst du in die Schale hinein. Im Sommer kannst du Blümchen in den kleinen Tontopf hin-einpflanzen und im Winter kannst du ihn mit Vogelfutter befüllen.

5. Jetzt füllst du noch frisches Wasser in die Schale und schon kann der Planschspaß für die Vögel im Gar-ten beginnen! In deiner Vogelträn-ke werden die Vögel trinken, sich abkühlen und ihr Gefieder pflegen. Deshalb solltest du das Wasser regelmäßig wechseln.

6. Stelle die Vogeltränke in eine offene und übersichtliche Umgebung, in der sich keine Stellen zum Verstecken für Katzen befinden. Nur so können die planschen-den Vögel heranschleichende Katzen rechtzeitig entdecken und flüchten.

> **TIPP:**
> Reinige die Vogeltränke mit heißem Wasser und einer einfachen Bürste, bevor du das Wasser erneuerst.

GABELGAUNER

1.  Wickle Haare aus Wollresten um das Besteck.

2. Male lustige Gesichter auf das Besteck.

3. Schneide aus Stoff und Papier Kleider, Umhänge oder Mützen aus.

4. Falte Kleidung zusammen und klebe sie an das Besteck.

5.  Am Hals den Stoff raffen und mit einem Stück Band umwickeln.

6. Verziere die Kleider mit Bändern, Borten, Blümchen oder anderem dekorativen Material.

Das brauchst du

- Einwegbesteck, z.B. Holzgabeln oder Plastiklöffel
- Permanentmarker in Schwarz
- Filzstifte

- Stoff-, Papier- und Wollreste
- Bänder und Borten, Blümchen etc. (zur Dekoration der Kleider)
- flüssiger Klebstoff
- Schere

SCHMUCK-BAUM

Das brauchst du

- ca. 5 Knöpfe
- Draht, ø ca. 0,4 mm, 6 m lang
- Stein, ca. kinder-handtellergroß
- Zange

1.

Knicke ein etwa 70 cm langes Stück Draht in der Mitte und fädle beide Enden in den Knopf ein. Halte beide Drahtstücke gut fest und drehe den Knopf, bis etwa 10 cm Draht eingezwirbelt ist.

3.

Halte deine Drahtäste wie einen Blumenstrauß zusammen und wickle deinen letzten Drahtast um alle Drahtenden herum, sodass eine Art Baumstamm entsteht. Der sollte schön stabil werden. Wickle zur Sicherheit einfach noch etwas Draht herum!

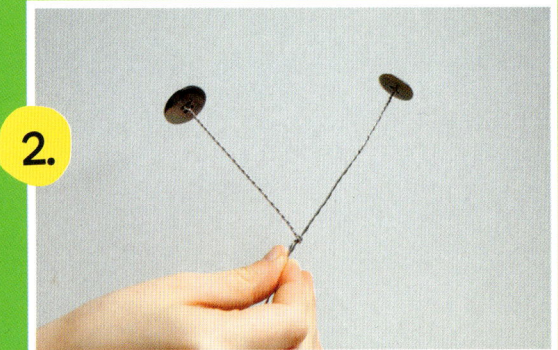

2.

Fädle weitere vier Knöpfe auf ein jeweils 70 cm langes Drahtstück und zwirble sie ein. Verdrehe nun zwei deiner eingedrehten Dräh-te miteinander. Die Drahtäste sollten etwa 10 cm lang sein. Verbinde auch die anderen beiden miteinander.

4.

An deine Hauptäste kannst du nun weite-re Drahtäste anzwirbeln. Fädle dazu einen Knopf in ein etwa 30 cm langes Drahtstück ein. Dieses Stück befestigst du dann an einem Hauptast.

TIPP:
Wenn du Knöpfe mit vier Löchern verwendest, kannst du auch deine Ohrstecker daran befestigen!

FERTIG!

5.

Am Ende sollten jeweils mindestens 20 cm lange lose Drähte übrig bleiben. Damit umwickelst du den Stein, der deinem Bäumchen Halt gibt. Lege ihn zuerst vor dich hin: Wie liegt er am stabilsten? Umwickle ihn so mit Draht, dass der Baum gut stehen kann. Mit einer Zange kannst du die Drahtenden festdrehen.

SERIENDRUCK

Das brauchst du

- Schaumstoffschalen (von Obst oder Gemüse)
- Korken
- Acrylfarbe
- Papier zum Bedrucken
- Schere
- Plätzchenausstecher
- Alleskleber

1.

Schneide die Bodenfläche der Schaumstoff-schale aus und ritze ein Motiv ein. Fahre es mit einem stumpfen Bleistift nochmals nach. Die Rillen sollten schön breit und tief sein, damit man die Umrisse des Motivs später gut erkennen kann.

2.

Nun bestreichst du die Schaumstoffplatte mit sehr dickflüssiger Farbe. Verwende kein Was-ser und trage nur eine dünne Schicht Farbe auf. Ist die Farbe zu dünnflüssig, sammelt sie sich in den Rillen, läuft aus und du kannst dein Motiv später nicht mehr gut erkennen.

3.

Bereite ein Blatt Papier vor und drücke die Platte sorgfältig auf das Papier. Löse sie anschließend vorsichtig wieder ab. Mach mehrere Versuche! Jeder Druck wird anders aussehen und jedes Ergebnis einzigartig sein!

4.

Stempel: Zeichne eine einfache Form, etwa ein Herz auf die Schaumstoffschale und schneide sie mit der Schere aus. Klebe sie auf einen Korken und fertig ist dein erster Stempel!

FERTIG!

PINSELHELDEN

Das brauchst du

● ● ●

- 4 alte Pinsel
- Alufolienreste
- Klebefilm
- 4 Kronkorken
- alte Zeitschriften

- Bastelfilz in Rot, Grün, Blau, Schwarz und Lindgrün, DIN A5
- Filz- und Nickistoffreste
- Wackelaugen in verschiedenen Größen

- Permanentmarker in Schwarz
- Acrylfarbe in Rosa, Hellblau, Rot, Grün und Lindgrün
- Pinsel
- UHU Alleskleber
- Schere

Vorlagen
Seite 135

1. Aus Alufolie bastelst du deinem Superhelden einen Oberkörper und Arme. Für die Arme faltest du Streifen zu kleinen Rollen. Lege sie mittig hinter den Pinsel. Ein kleines Knäuel Folie legst du mittig vorne auf den Pinsel und umwickelst dann Knäuel und Arme wieder mit Alufolien-Streifen, bis dir die Form des Oberkörpers gefällt.

2. Jetzt malst du Haare, Gesicht und Körper mit Acrylfarbe auf. Du kannst auch den Alufolienteil mit Acrylfarbe bemalen – ganz wie es dir gefällt. Lass alles gut trocknen.

4. Schneide aus Bastelfilz einen Umhang und einen Streifen für die Superheldenmaske zurecht. Dann beklebst du einen Kronkorken innen mit coolen Motiven aus alten Zeitschriften. Auch ein einzelner Buchstabe sieht gut aus. Oder du malst den Korken innen an.

3. Als Nächstes zeichnest du mit einem dünnen Permanentmarker das Gesicht auf.

5.

Zum Schluss klebst du Umhang, Kronkorken, Maske und schließlich die Wackelaugen auf deinen Helden auf.

6. Wenn du Schlitze in die Maske schneidest und die Wackelaugen dort hervorgucken lässt, sieht das Ganze noch realer aus. Auf zum ersten Abenteuer!

KABOOM

ZAP

POW!

PON!

CRASH

BANG

JETZT WIRD'S LAUT!

Das brauchst du

● ● ○

- 3 Konservendosen unterschiedlicher Größe
- Acrylfarbe in Weiß
- Masking Tape nach Wunsch
- 3 Holzstäbe, ø 0,5 cm je 31 cm lang
- 2 Holzscheiben, ø 5 cm

- Baumwollkordel in Weiß, ca. 1 m lang
- 6 Schellen
- Klangspiel (5 Klangstäbe)
- Graupappe, 34 x 12 cm
- Tonpapier in Hellgrün, 34 x 12 cm
- Küchenpapierrolle
- Malerkrepp
- Reis

1. Reinige die Konservendose und bemale sie mit weißer Acrylfarbe. Ist die Farbe trocken, kannst du die Dosen mit Masking Tape verzieren.

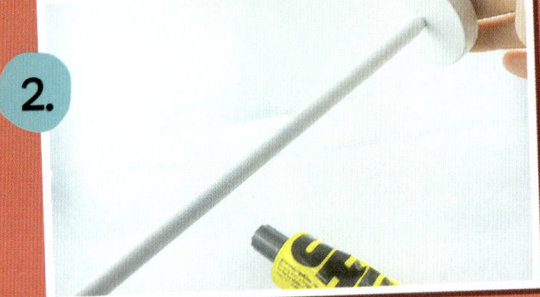

2. Spitze zwei der Holzstäbe mit einem Bleistiftanspitzer jeweils an einer Seite an und klebe sie in die Löcher der Holzscheiben. Anschließend malst du die Standstäbe und den einzelnen Holzstab weiß an.

4. Nun verbindest du die Standstäbe mit dem Holzstab. Teile den Rest der Baumwollkordel und verknote damit je ein Ende des Holzstabs mit einem Standstab. Wickle die Kordel mehrmals über Kreuz um die übereinander liegenden Stäbe und mache zum Schluss einen festen Knoten.

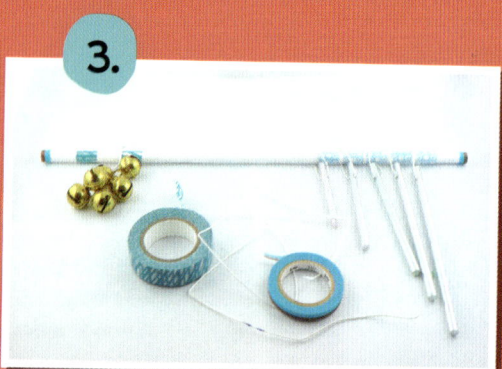

3. Ziehe jeweils 5 cm lange Stücke Baumwollkordel durch die Klangstäbe und verknote die Enden. Auf ein 15 cm langes Stück Kordel fädelst du alle Schellen auf und verknotest die Enden. Verziere den einzelnen Holzstab und fädle Schellen und Klangstäbe auf.

5. Schneide aus Graupappe und Tonpapier je ein 34 cm x 12 cm großes Rechteck zurecht und klebe das Tonpapier auf die Pappe. Ordne das Klanggerüst und die Dosen auf dem grünen Untergrund an und befestige alles mit Klebstoff.

FERTIG!

TIPP:
Das Schlagzeug lässt sich mit einem Holzstab oder einem unangespitzten Bleistift problemlos alleine bespielen. Mit der Rassel und einem zweiten Bleistift kann man auch zu zweit Krach machen.

6. Als Beigabe zum Schlagzeug kannst du eine Rassel basteln. Klebe eine Seite einer Küchenpapierrolle mit Malerkrepp zu und befülle sie mit etwas Reis. Verschließe die offene Seite ebenfalls mit Malerkrepp. Male die Rolle weiß an und verziere sie mit Masking Tape.

PIT PINGUIN

Das brauchst du

● ● ●

• leerer, gut gereinigter
Getränkekarton

• wetterfeste Acrylfarben
in Schwarz, Weiß, Blau und Orange
• Holzspatel, 15 cm lang
• Klebeband
• Kordel in Türkis, 25 cm lang

• Cutter mit Schneideunterlage
• Prickelnadel
• UHU Alleskleber

Vorlagen
Seite 137

1.

Übertrage die Linien für den weißen Teil des Pinguinkörpers auf den Getränkekarton und bemale diesen. Wenn der Karton noch durchscheint, solltest du ihn noch einmal bemalen. Nach dem Trocknen malst du den ganzen restlichen Karton schwarz an.

2.

Wenn die Farbe getrocknet ist, malst du deinem Pinguin auch noch einen Schnabel, Augen und eine schöne Fliege auf.

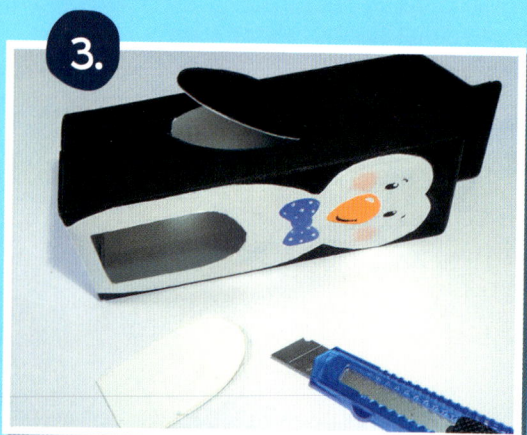

3.

Lass dir von einem Erwachsenen helfen, die Öffnung für den Eingang und für die beiden Flügel mit einem Cutter einzuschneiden.

4.

Jetzt klebst du den Holzspatel von unten an den Karton und befestigst ihn zusätzlich mit Klebeband. Bitte deinen Helfer, dir auch noch ein Loch in die Oberseite des Pinguins zu bohren, sodass du die Kordel als Aufhänger durchfädeln kannst. Verknote deren Enden, fülle Vogelfutter in den Pinguin und suche ihm ein schönes Plätzchen im Garten. Achte darauf, dass Katzen ihn nicht erreichen können!

FERTIG!

GLITZERNDE SCHNEEKUGEL

TIPP:
Hast du schon ein Weihnachtsgeschenk für deine beste Freundin oder deinen besten Freund? Über eine selbstgebastelte Schneekugel freuen sie sich bestimmt. Du kannst für jeden ein ganz persönliches Lieblingstier aussuchen!

Das brauchst du

• • •

• Einmachglas mit Schraub-verschluss, 230 ml
• Schraubverschluss in Gold, ⌀ 5,5 cm

• destilliertes Wasser, 230 ml
• Glitter in Weiß
• Dekoschnee
• Alleskleber, wasserfest
• Schleifpapier

• Reh, Fuchs oder Eichhörnchen aus Plastik, ca. 4 cm

1. Zunächst solltest du alle Flächen, die mit Kleber in Berührung kommen, mit Schleif-papier etwas anrauen. So klebt später alles richtig fest aneinander! Dazu gehö-ren die Innenfläche des Schraubverschlus-ses vom Einmachglas, die Außenseite des goldenen Schraubverschlusses sowie die Standfläche deines Plastiktieres.

2.

Klebe den golde-nen Schraubver-schluss als Sockel mit dem wasser-festen Alleskleber in den Deckel des Einmachglases.

3. Dein Tier klebst du mittig auf den golde-nen Sockel.

4.

Fülle das Ein-machglas mit destilliertem Was-ser und gibt etwas von dem weißen Glitter und dem Dekoschnee dazu.

5 Schraube das Glas fest zu und dichte es zusätzlich mit Alleskleber ab. Jetzt schütteln – juhu, es schneit!

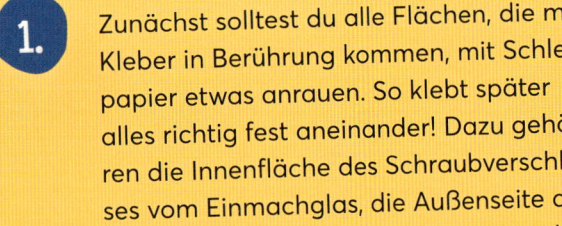

CHRISTBAUMKUGELN
BEMALEN

1. Bemale deine Handfläche mit einem Borstenpinsel weiß.

Das brauchst du

● ● ●

• Christbaumkugel in Blau, ø 8 cm
• Acrylfarbe in Weiß
• Acryllack in Schwarz und Orange
• breiter Borstenpinsel
• feiner Haarpinsel

2

Umfasse die Christbaumkugel, achte darauf dabei möglichst nicht mit der Hand zu verrutschen.

3. Farbe trocknen lassen. Male den Fingerabdrücken mit einem feinem Haarpinsel Schneemanngesichter auf.

4

Male die Augen, Hüte und Münder mit schwarzem, die Nasen mit orangefarbenem Acryllack auf.

FERTIG!

STOFF UND WOLLE

Wie entsteht eigentlich ein Pompon, wie geht man mit der Stickliesel um und was entsteht, wenn man mit den Fingern häkelt? Egal, ob du gerne mit Wolle oder Stoff arbeitest – in diesem Kapitel findest du die lustigsten Handarbeitsprojekte für Einsteiger.

Strick deinen Kuscheltieren zum Beispiel einen schicken Schal oder webe dir einen kleinen Teppich für dein Zimmer. In der Grundanleitung findest du alles, was du über das Nähen, Stricken und Häkeln wissen musst, um mit deinen Lieblings- projekten richtig durchstarten zu können.

Also ran an Nadel und Faden!

BASTELN MIT STOFF UND WOLLE

Stoffe bedrucken

Für Stoff nimmst du am besten Textilfarben. Es gibt verschiedene Farben für helle und dunkle Stoffe. Wasche die Stoffe zuerst, dann hält die Farbe später besser. Lege beim Malen immer eine Plastiktüte unter den Stoff oder zwischen zwei Stoffschichten, da die Farbe oft durchdrückt.

Wenn die Farbe getrocknet ist, musst du den Stoff von einem Erwachsenen bügeln lassen. So wäscht sich die Farbe nicht heraus.

Sticken und Nähen

Beim ersten Einstich wird der Faden immer nur so weit durchgezogen, dass auf der anderen Seite noch ca. 10 cm des Fadens übrigbleiben. Dieses Ende musst du vernähen und verknoten, da sich sonst deine ganze Arbeit wieder aufräufeln kann. Wenn dir der Faden zu Beginn herausrutscht, kannst du auch einen Knoten in das Ende machen.

Zugstich/Faden einziehen

Stich die Nadel ein Stück vom Rand entfernt und in gerader Linie immer abwechselnd einmal ein und wieder heraus. Vergiss nicht, am Anfang ein Stück Faden stehen zu lassen. Bei dieser Stichart arbeitest du nur vorwärts. Deine Nadel sticht nicht noch einmal rückwärts ein.

Hast du das ganze Stück geschafft, nimmst du die Nadel vom Faden. Ziehe nun gleichzeitig am Anfang und am Ende des Fadens. Dadurch zieht sich der Stoff zusammen und verschließt ein Loch oder einen Beutel. Verknote die Fäden fest miteinander und schneide sie anschließend ab.

Vorstich/Heftstich

Der Vorstich oder Heftstich funktioniert genauso wie der Zugstich. Allerdings solltest du hier zuerst einen Knoten in dein Fadenende machen und du ziehst die Fäden am Ende nicht zusammen.

Vernähen

Wenn du mit einer Naht fertig bist, musst du den Faden immer vernähen (es sei denn, du verknotest ihn). Vernähen bedeutet, dass du die Nadel auf der Rückseite des Stoffs mehrmals durch ein Fadengeflecht ziehst. Konzentriere dich dabei auf eine Stelle, die du von mehreren Seiten durchstichst. Der Faden darf nur auf der Rückseite vernäht werden und wird nicht auf der Vorderseite entlang geführt! Hast du das oft genug gemacht, schneidest du den Faden ab und

deine Näh- oder Stickarbeit ist fertig.

Pompons wickeln

Pause die passende Schablone ab und übertrage sie zweimal auf festen Karton. Dann schneidest du beide Schablonen aus.

1 Lege die Schablonen übereinander und umwickle sie mit einem Wollfaden, bis das Loch in der Mitte gefüllt ist.

2 Schiebe eine Scherenspitze zwischen die Pappringe und schneide die Wollfäden ringsherum auf.

3 Schiebe die Schablonen etwas auseinander und lege einen Wollfaden in den Spalt. Ziehe den Faden fest an und verknote ihn.

4 Nun löst du die Schablonen ab. Schneide den Pompon etwas zurecht, damit er schön rund wird. Bei manchen Projekten müssen die Abbindefäden lang bleiben. Achte darauf sie dann nicht mit abzuschneiden.

Stricken mit der Strickliesel

Um das Garn in die Strickliesel einzufädeln, legst du es zu einer Schlinge und ziehst diese mit der Häkelnadel durch. Halte das untere Fadenende mit einer Hand fest. Führe mit der anderen Hand den Faden gegen den Uhrzeigersinn um eine Öse. Umwickle auch die anderen Ösen jeweils gegen den Uhrzeigersinn, arbeite dich dabei einmal um die Strickliesel rechts herum. Lege den Faden von rechts nach links vor die erste umwickelte Öse. Mit der Stricklieselnadel stichst du unter die Garnschlinge. Hebe sie über die Öse und lasse sie nach innen fallen. Stricke im Uhrzeigersinn weiter, indem du den Faden immer von rechts nach links vor die nächste Öse legst und mit

der Stricklieselnadel darüber hebst. Ziehe ab und zu an dem Anfangsstrickfaden, damit der Strickschlauch weiter nach unten rutscht.

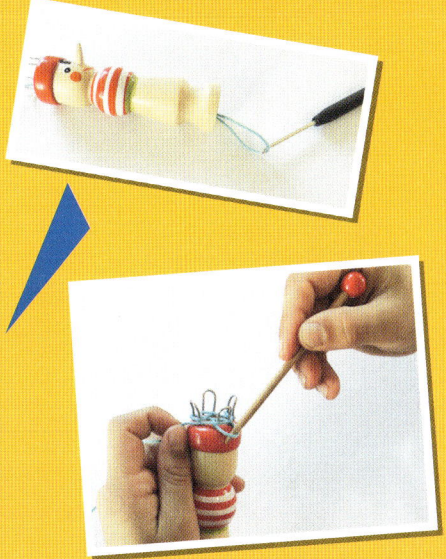

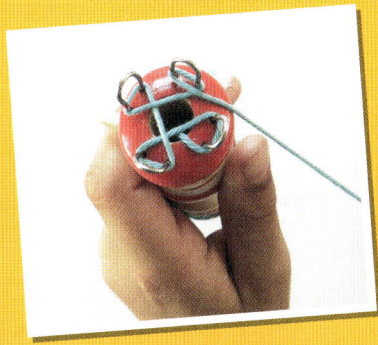

Wenn der Strickschlauch die gewünschte Länge erreicht hat, schneidest du den Wollfaden ab und fädelst ihn in eine Sticknadel mit stumpfer Spitze. Schiebe die Nadel durch alle Schlaufen an der Strickliesel. Achte darauf, nicht mit der Schlaufe zu beginnen, die du zuletzt gestrickt hast. Hebe die Schlaufen von den Ösen und ziehe den Endfaden fest an. Ziehe den Strickschlauch an dem Anfangs- oder Endfaden aus der Strickliesel heraus.

MONSTERSTIFTE

Das brauchst du

- Wolle in Grün
- Buntstift in Grün
- Pfeifenputzer in Grün, 2 x 8 cm lang
- Filz in Weiß, 1 mm stark, 3 cm x 8 cm
- Filz in Schwarz, 1 mm stark, 2 cm x 5 cm
- 2 Plastikhalbperlen, ø 6 mm
- Monsterstift in Pink
- Wolle in Pink

- Buntstift in Pink
- Pfeifenputzer in Pink, 2 x 4 cm lang
- Filz in Weiß, 1 mm stark, 3 cm x 4 cm
- 2 Plastikhalbperlen, ø 6 mm
- 2 Holzperlen in Pink, ø 1,2 cm
- Pompon-Schablone Größe 2

Vorlagen
Seite 138

Monsterstift in Grün

1.

Biege die beiden grünen Pfeifenputzer jeweils an einem Ende zu kleinen Kreisen. Die Augenteile aus Filz ausschneiden.

2. Klebe die Plastikhalbperlen mittig auf die Augenkreise. Anschließend klebst du die Augen auf die Pfeifenputzer.

3. Fertige einen Pompon in Grün an und klebe ihn auf den grünen Buntstift.

4.

Jetzt Mund und Zähne aus dem Filz ausschneiden und alle Teile auf den Pompon kleben.

Monsterstift in Pink

1. Die Perlen jeweils auf ein Ende der Pfeifenputzer-Stücke stecken.

2. Klebe die Plastikhalbperlen mittig auf die Augenteile aus Filz. Fertige einen Pompon der Größe 2 in Pink an und klebe ihn auf den Stift. Die Fühler und Augen auf den Pompon kleben.

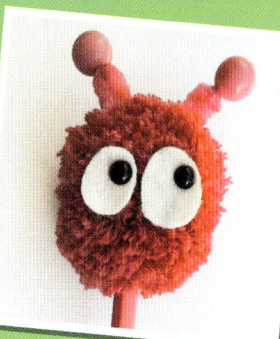

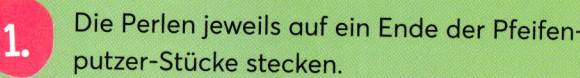

FERTIG!

BEERIGE FRÜCHTCHEN

1. Übertrage jeweils die Vorlagen und schneide sie zu. Stecke danach beide Stoffteile für die Erdbeere so aufeinander, dass die schönen Stoffseiten innen liegen. Nähe die Stoffe rundherum mit sehr kleinen Vorstichen zusammen. Lass dabei die obere Kante offen.

2. Schneide an den genähten Rundungen kleine Dreiecke aus den Nahtzugaben heraus. Pass dabei auf, dass du die Naht nicht durchtrennst.

3. Wende die Erdbeere, sodass die schönen Stoffseiten außen liegen. Nähe mit Vorstichen um die Öffnung herum und falte den Stoff dabei ca. 1 cm breit nach innen. Vernähe den Faden am Ende nicht.

FERTIG!

4. Damit sich die Erdbeere später gut werfen lässt, füllst du sie mit Reis. Fülle den Reis bis 2 cm unterhalb der oberen Kante ein.

5. Ziehe jetzt den Nähfaden fest an, damit sich die Öffnung schließt. Vernähe den Faden.

6. Nähe das Filzblatt oben auf die Erdbeere. Arbeite dafür mehrere große Vorstiche auf der Stelle – fertig ist dein erstes Jonglier-Obst!

TOLLES TÜLL-TÜTÜ

Das brauchst du

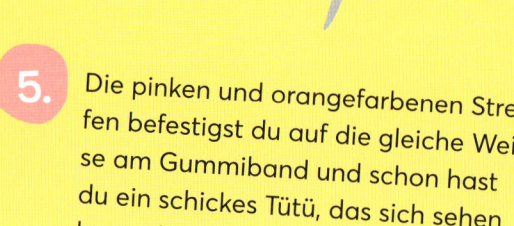

- Tüll in Rosa, Pink und Orange
- Gummiband, 2 cm breit

1. Zuerst schneidest du aus rosafarbenem Tüll 70 cm lange und 10 cm breite Streifen zurecht. Davon brauchst du ungefähr 20 Stück.

2. Als Nächstes schneidest du den orangefarbenen Tüll ebenfalls in 70 cm lange Streifen (15 Stück), den pinkfarbenen Tüll schneidest du in 50 cm lange Streifen (15 Stück).

3. Miss mit einem Maßband deinen Bauchumfang und schneide ein Stück Gummiband zurecht, das ca. 10 cm länger ist als dein gemessener Bauchumfang. Verknote die Enden.

4. Um die Tüllstreifen zu befestigen, legst du jetzt deinen Gummibandring um dein Knie. Beginne mit dem rosafarbenen Tüll: Lege einen Streifen so um das Gummiband, dass du zwei gleich lange Enden hast. Knote jetzt den Tüll am Gummiband fest. Nun hängen schon zwei Tüllstreifen an deinem Gummiband herunter.

5. Die pinken und orangefarbenen Streifen befestigst du auf die gleiche Weise am Gummiband und schon hast du ein schickes Tütü, das sich sehen lassen kann. Deine Tanzveranstaltung kann beginnen!

TIPP:
Vielleicht möchtest du dir auch noch einen kleinen Feenschleier basteln.oder ein Mini-Tütü für deine Puppe?

FERTIG!

SCHMUCKES FÜR DEN SCHREIBTISCH

Das brauchst du

●●○

- Wolle in deinen Lieblingsfarben
- Häkelnadel Nr. 4
- Knöpfe
- Klebstoff
- doppelseitiges Klebeband
- Glas mit Schraubverschluss, ca. 350 ml Fassungsvermögen
- Schere
- Sicherheitsnadel

1. Knote eine Anfangsschlinge.

2. Stecke die Nadel durch die Anfangsschlinge und hole den Faden durch. Deine 1. Luftmasche ist entstanden und du hast eine neue Schlinge auf deiner Häkelnadel.

3. Auf diese Weise häkelst du etwa 500 Luftmaschen. Wenn du bei der letzten Schlinge angekommen bist, ziehst du vorsichtig deine Häkelnadel heraus und sicherst die Masche mit einer Sicherheitsnadel.

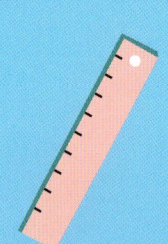

4. Beklebe das Glas rundherum mit dem doppelseitigem Klebeband und ziehe anschließend die Trägerfolie ab.

FERTIG!

5.

Nimm deine Luftmaschenkette an einem Ende und drücke sie auf das Klebeband. Du kannst oben oder unten an der Klebebandkante beginnen. Lege die Kette Runde für Runde um das Glas und drücke sie dabei immer etwas fest, bis entweder das Klebeband nicht mehr zu sehen oder deine Luftmaschenkette zu Ende ist. Ist die Kette zu kurz, nimm die Sicherheitsnadel vorsichtig heraus und häkle noch so viele Luftmaschen, wie du brauchst. Ist die Kette zu lang, nimmst du ebenfalls die Sicherheitsnadel heraus und ziehst vorsichtig am Faden, bis die Kette die richtige Länge hat.

6.

Schneide den Faden etwa 15 cm von der Häkelnadel entfernt ab und ziehe die letzte Schlinge lang, bis das Fadenende durchrutscht. Schneide die überstehenden Fadenenden ab und drücke alles noch einmal fest.

7.

Nun kannst du dein Glas mit weiteren kleinen Luftmaschenketten in Kontrastfarben verzieren. Lege einen Stern, bastle eine Schleife, drehe eine lustige Spirale oder klebe Knöpfe auf. Um die richtigen Kettenlängen zu bekommen, kannst du wieder mit der Sicherheitsnadel arbeiten und zwischenzeitlich immer mal ausprobieren. Rechne jeweils mit etwa 45 Luftmaschen für die gezeigten Verzierungen. Die Zierketten kannst du mit Klebstoff aufkleben.

KLEINES MAUS-HAUS

Das brauchst du

pro Maus
- Filz in Rosa oder Blau, 10 cm x 10 cm
- Füllwatte
- Sticktwist
- Perle in Rosa oder Blau, ⌀ 8 mm
- Filzstift in Schwarz

Mäuseloch
- leere Schachtel
- bunte Tonpapierreste

Vorlagen
Seite 138

1.

Schneide die Teile für die Maus aus Filz aus. Dann legst du etwas Füllwatte auf den Filzkreis

2.

Den Kreis faltest du mittig zu einem Halbkreis. Fixiere die Lagen mit Stecknadeln.

3.

Nähe den Halbkreis an der Rundung zusammen. Lass den Nähfaden mit der Nadel an der Maus hängen und fädle die Perle auf.

4.

Dann schneidest du den Faden ab und verknotest ihn. Der Mäuseschwanz soll ca. 5 cm lang sein. Zuletzt klebst du die Ohren an und malst die Augen mit einem schwarzen Filzstift auf.

> **TIPP:**
> Mäuse haben oft große Familien. Bastle deshalb doch gleich ganz viele Mäuse in verschiedenen Farben.

Fertig!

5.

Maus

Schneide das Türschild und die Klingel aus Tonpapier aus. Male einen Knopf auf die Klingel und bitte einen Erwachsenen, das Schild zu beschriften.

6.

Schneide ein Mauseloch in deine Schachtel und klebe das Türschild und die Klingel daneben fest.

MUFFIN-TRAGEBEUTEL

Das brauchst du

●●●

- Leinenstoff in Türkis, 20 cm x 25 cm
- Leinenstoff in Türkis, 30 cm x 35 cm
- Sticknadel
- Sticktwist in Blau, Pink, Gelb und Lila
- Nähnadel
- Nähgarn in Rosa
- Litze in Gelb, 40 cm lang

- Filzrest in Lila
- Filz in Rosa und Petrol, 8 cm x 10 cm
- Baumwollband in Weiß, 2 cm breit, 40 cm lang
- 4 Knöpfe in Pink, ø 2,5 cm
- 8 Perlen in verschiedenen Farben, ø 4 mm

Vorlagen
Seite 138

3.

Anschließend stickst du die Verzierung in Lila und das petrolfarbene Förmchen mit dem passenden Sticktwist auf. Sticke auf das Förmchen noch einige Linien, für die „Falten im Papier".

1.

Schneide die drei Teile für das Muffintörtchen aus den Filzstücken aus.

4.

Fädle rosafarbenes Nähgarn in eine dünne Nähnadel und sticke die Perlen auf das Muffintörtchen auf.

2.

Spanne das größere der beiden Leinenstücke in den Filzrahmen. Fädle den Sticktwist in Pink in eine spitze Sticknadel und mache in das längere Fadenende einen Knoten. Stecke den rosafarbenen Muffin mithilfe von Stecknadeln mittig auf den Stoff und nähe ihn rundherum mit Vorstichen fest.

5.

Nimm den Leinenstoff wieder aus dem Stickrahmen und schneide ihn auf eine Größe von 20 cm x 25 cm zu. Achte dabei darauf, dass der Muffin etwa 5 cm Abstand zur unteren Kante hat.

6.

Bügle die oberen Kanten beider Leinenstücke auf der Rückseite jeweils zweimal 2,5 cm breit um.

10.

Zuletzt steckst du die Stoffe mit Nadeln rechts auf rechts, also mit den schönen Seiten, aufeinander. Nähe die Seitenkanten und die Bodenkanten mit Vorstichen zusammen.

7. Schneide die gelbe Litze auf 2 x 20 cm zu und stecke sie mit Nadeln mit 1,5 cm Abstand zu den umgebügelten Kanten auf die schönen Seiten der Stoffe. Nähe sie mit Vorstichen fest.

11. Nun brauchst du die Tasche nur noch zu wenden, fertig!

8.

Schlage die Enden der Tragebandstücke jeweils 2 cm ein und stecke sie mit Nadeln auf die linken Seiten, also die Rückseiten, der Stoffe auf.

FERTIG!

9. Nähe jetzt auf den schönen Stoffseiten in der Höhe der Tragebandenden je einen Knopf so fest an, dass die Tragebänder auf der Rückseite durch die Nähte mit fixiert sind.

KINDERLEICHTE
WINDFAHNE

Das brauchst du

- 20 Stoffbänder in verschiedenen Farben, 1–2 cm breit, jeweils 80–100 cm lang
- 2 Filzbänder in Natur, je 80 cm lang
- Metallring in Weiß, ø 20 cm
- Baumwollschnur
- 3 Holzperlen in Rot und in Natur, ø 1–2 cm
- evtl. Wirbel (Anglerbedarf)

1. Lege die Bänder zur Hälfte und knüpfe sie an den Metallring. Achte darauf, dass die verschiedenen Breiten und Farben gleichmäßig verteilt sind.

2. Für die Aufhängung vier Baumwollschnüre in gleichmäßigen Abständen am Ring anknoten. Die Schnüre in der Mitte zusammenfassen, das Windspiel hängt dabei nach unten. Wenn alle Schnüre gleich lang sind und das Windspiel gerade hängt, die 3 Perlen auffädeln.

3. Oberhalb der Perlen einen Knoten und darüber eine kleine Schlaufe binden, in der ggf. der Wirbel befestigt wird. Dann kann sich das Windspiel drehen, ohne dass sich die Schnüre verknoten.

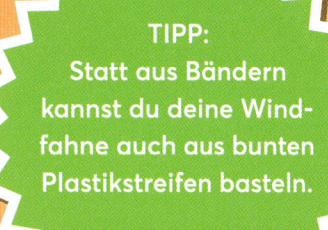

TIPP:
Statt aus Bändern kannst du deine Wind-fahne auch aus bunten Plastikstreifen basteln.

DORNRÖSCHEN-BROSCHE

Das brauchst du
- Reißverschluss in Neongelb und Neonorange, 30 cm lang
- 2 Reißverschlüsse in Dunkelgrün, 15 cm lang
- 2 Broschennadeln
- Nähnadel
- Nähgarn in Gelb, Rot und Grün
- Heißkleber

1. Schneide die Reißverschlüsse an beiden Enden ab und teile sie. Du benötigst für eine Rosette nur eine Hälfte.

2. Rolle den Reißverschluss von der Mitte her auf. Lege dabei Falten und Schlaufen locker rundum, in immer größer werdenden Bögen. Fixiere die Falten nach jeder Runde mit Nadel und Faden. Nähe mit Heftstichen und zwar so, dass der Faden an der Oberseite unsichtbar bleibt. Das Ende des Reißverschlusses lässt du langsam auslaufen und nähst es ebenfalls fest.

3. Schneide die grünen Reißverschlusshälften durch, sodass du zwei gleiche Teile erhältst. Falte jedes Teil zu einem Blatt und fixiere die Form mit Nadel und Faden.

4. Nähe die Blätter an der Unterseite der Rosette fest. Zum Schluss klebst du eine Broschennadel mit Heißkleber auf der Rückseite der Reißverschlussblüte fest. Dabei sollte dir ein Erwachsener helfen.

FERTIG!

KNABBERZEUG ALS OHRSCHMUCK

Das brauchst du

• • •

- Wollrest in Zimt
- Strickliesel mit Häkelnadel
- Wollnadel
- Draht, ø 1–2 mm, ca. 22 cm lang
- Nähnadel
- Nähgarn in Weiß
- Rocailles in Weiß, ø 2 mm
- 2 Ohrhaken
- Seitenschneider
- Schere
- Sicherheitsnadel

1. Stricke mit der Strickliesel eine Kordel. Für die Sesamstangen strickst du 45 Reihen, für eine Brezel ist die Kordel 55 Reihen lang.

2. Wenn du genügend Reihen gestrickt hast, holst du die Kordel vorsichtig aus der Strickliesel. Schneide den Faden ca. 20 cm vom Knäuel entfernt ab. Die Maschen lässt du vorerst offen. Fädle sie auf eine Sicherheitsnadel auf, damit sie nicht aufgehen.

3. Schneide ein Stück Draht, das ca. 3 cm länger ist als die Strickkordel. Biege den Draht an beiden Enden ca. 1,5 cm um. Dann schiebst du ihn vorsichtig in die Kordel.

4. Jetzt kannst du die Kordel schließen. Fädle dafür den Endfaden auf die Wollnadel und stich damit durch die Schlingen, damit du die Maschen nicht auflöst. Vernähe auch den Anfangsfaden.

5. Für die Brezel biegst du die Kordel in die entsprechende Form. Nähe die beiden Kordelspitzen an der Rundung fest.

FERTIG!

6. Nähe nun die Rocailles mit Nähnadel und Nähgarn auf das Salzgebäck auf: vanillefarbene Perlen als Sesam, weiße als Salzkörner. Du kannst die Rocailles auch mit Alleskleber aufkleben.

7. Für die Ohrringe nähst du zum Schluss die Brezel mit Nähnadel und Nähgarn an die Ohrhaken an.

TIPP:
Strickkordeln, die mit Draht verstärkt sind, lassen sich wunderbar in jede erdenkliche Form biegen. Wie wäre es mit einem Stern? Knote eine Schlaufe an die Spitze und du hast einen schönen Anhänger.

HULA-HOOP-TEPPICH

Das brauchst du

- Hula-Hoop-Reifen
- XXL Webgarn in Türkis, 22 m lang
- Wolle in Petrol, 25 m lang
- Schere
- Maßband
- Klebefilm
- Nähnadel und reißfestes Nähgarn
- Wollnadel

Als Erstes schneidest du ein 9 cm langes Stück deines dicken Garns zu. Dieses zum Kreis schließen und mit einigen Stichen zusammennähen. Dieser Ring ist die Mitte deines Teppichs.

1.

2. Für die Kettfäden, also die Bespannung deines Hula-Hoop-Reifens, schneidest du 25 Fäden von etwa 1 m Länge zu (prüfe, ob diese Länge für deinen Hula-Hoop-Reifen ausreichend ist!). Diese spannst du mit einer Einhängeschlaufe, wie auf dem Bild zu sehen ist, in deinem Hula-Hoop-Reifen ein. Das Ende verknoten und nur leicht anziehen, da die Knoten am Ende aufgelöst werden müssen.

3. Verteile alle 25 Kettfäden im Abstand von 10 cm auf deinem Reifen.

4. So sieht nun dein Webrahmen aus:

5. Klebe über jeden Kettfaden einen Klebefilmstreifen, damit diese beim Weben nicht verrutschen.

6.

Schneide dir von deinem Garn ein etwa 2 m langes Stück zu, mit dem du nun zu weben beginnst. Vielleicht benötigst du kurz die Hilfe eines Erwachsenen: Den Anfang deines Webgarns näht ihr gemeinsam mit ein paar Stichen am Ring fest.

7. Drunter und drüber: Webe nun im Wechsel dein Garn in die Kettfäden ein. Achte darauf, dass das Garn im Wechsel ober- und unterhalb deiner Kettfäden verläuft.

9.

Wenn du damit fertig bist, löst du den ersten Knoten auf …

10.

… bevor du den nächsten Knoten öffnest, sicherst du das Garn: Beide Fäden durch die vorherige Runde ziehen, einen einzelnen Faden nochmals durchziehen, beide Fäden miteinander verknoten und gut anziehen. Die Fäden auf etwa 2 cm Länge kürzen.

FERTIG!

8.

Schneide von deinem Webgarn insgesamt vier Stücke von jeweils 5 m Länge ab. Sobald du ein Stück Webgarn vollständig in deinem Rahmen eingewebt hast, nähst du das nächste Stück mit ein paar Stichen an. Du kannst natürlich auch mit kürzeren Stücken weben. Probiere einfach aus, wie es bei dir am besten klappt.

11.

Das Ende deines Webgarns wird mit ein paar Stichen am Garn der Vorrunde festgenäht.

BESTE FREUNDINNEN

Das brauchst du

• Jerseyband in Pink, 2 m lang
• Schere
• Schleifencharm in Silber

Klemme das Band zwischen deinen Mittel- und Ringfinger (lasse dabei ein kleines Stück nach vorne hängen, das lange Stück nach hinten) und führe das Band zwischen deinem Ringfinger und deinem kleinen Finger wieder nach vorne.

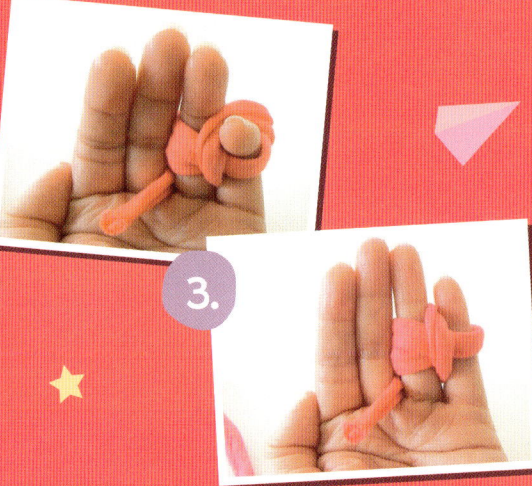

Nun nimmst du das Band und wickelst es einmal komplett um deinen Ringfinger und deinen kleinen Finger, sodass du wieder hinter dem Ring- und Mittelfinger ankommst. Jetzt fängt das eigentliche Häkeln an!

Führe nun das Band um deinen kleinen Finger nach hinten, zwischen deinem kleinen Finger und deinem Ringfinger wieder nach vorne und um deinen Ringfinger herum wieder nach hinten.

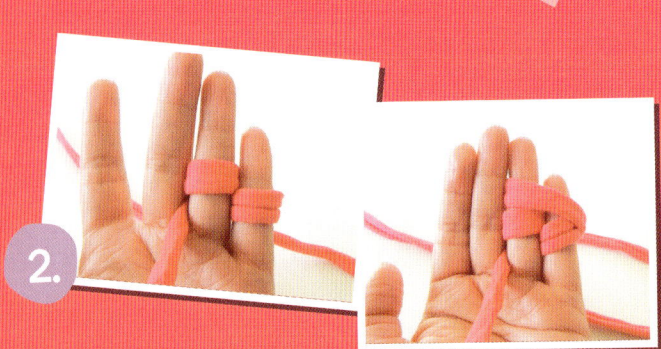

Fange bei deinem kleinen Finger an. Schiebe das fest um deinen Finger gewickelte Band über das lose über deinem Finger liegende Band hinter deinen Finger. Wiederhole dies nun bei deinem Ringfinger.

FERTIG!

5. Wickle das Band ein weiteres Mal um beide Finger, sodass es wieder zwischen deinem Ring- und Mittelfinger liegt.

6. Wiederhole Schritt 4 und 5 so lange, bis das Band lang genug ist, damit es um dein Handgelenk passt. Zwischendurch kannst du das schon fertig gehäkelte Band hinter deinen Fingern immer mal wieder festziehen.

7. Wenn das Armband lang genug ist, nimmst du es vorsichtig von deinen Fingern, schneidest das Band nach 10 cm ab und ziehst es durch die beiden Schlaufen, die um deine Finger gewickelt waren. Alles gut festziehen. Die beiden Enden können nun verknotet werden und fertig ist das Armband! Wenn du möchtest, kannst du noch einen Anhänger am Armband befestigen. Mach deiner besten Freundin auch so ein tolles Band. Schon könnt ihr im Partnerlook auftreten.

FÜR ECHTE ABENTEURER

Das brauchst du

● ● ●

- Rohnessel, 120 cm x 150 cm
- Nähgarn
- Nähmaschine
- Seidenpapierbögen in Grüntönen, Grau, Braun und Creme

- Moos
- Kunstgras in verschiedenen Farben
- Lederband oder Baumwollband in Grün, ca. 1 m lang
- Alleskleber oder Heißklebepistole

1. Bitte als Erstes einen Erwachsenen darum, an einer der schmalen Stoffkanten das Lederband anzulegen, den Rand mit Zugabe darüber zu klappen und dann festzunähen.

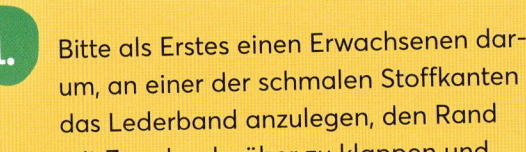

2. Nun kannst du deinen Umhang gestalten. Reiße deine Seidenpapierbögen in unterschiedlich große Stücke, knülle sie zusammen, verteile sie gleichmäßig auf dem Umhang und klebe sie fest. Dafür kannst du entweder Alleskleber verwenden oder dir von einem Erwachsenen mit einer Heißklebepistole helfen lassen.

3. Sind alle Papierstücke angeklebt, kannst du noch Moos, Kunstgras oder anderes Tarnmaterial dazwischen befestigen. Auch selbst gesammelte Blätter oder Tannenzapfen eignen sich gut dafür. Je mehr Stoff du bedeckst, umso besser bist du später getarnt.

4. Sobald alles gut getrocknet ist, kannst du deinen Umhang anlegen und als echter Abenteurer mit deinen Freunden draußen auf Entdeckungstour gehen.

FERTIG!

BUNTE TÜRSCHLANGE

1. Nähe die Längsseiten des Schals mit einem Vorstich fest: Stich mit der Nadel von unten nach oben durch, führe die Nadel wieder nach unten und stich etwas versetzt erneut durch.

2. Kremple den Strickschlauch um, damit die Nähte innen liegen, und fülle ihn mit der Watte.

3. Nähe an den beiden noch offenen Seiten ca. 5 mm vom Rand entfernt jeweils mit einem Heftstich rund um die Öffnung herum. Stich dafür die Nadel ein und ein Stückchen weiter wieder aus, wieder ein, wieder aus usw. Lass dabei ein längeres Stück vom Fadenende einfach lose hängen.

4. Ziehe kräftig an beiden Fadenenden, bis sich die Öffnung zusammenschiebt und wie ein Wurstzipfel aussieht. Sind Kopf und Schlangenschwanz verschnürt, verknotest du den Faden.

5. Schneide eine rote Schlangenzunge sowie jeweils zwei große rote Ovale und zwei kleinere weiße Ovale für die Augen aus den Filzresten.

6. Klebe die weißen Ovale auf die roten und male mit dem Marker in die Mitte einen schwarzen Punkt als Pupille. Klebe die Augen an den Schlangenkopf.

7. Die Schlangenzunge schiebst du in die „Wurstzipfelöffnung" am Kopfteil und klebst sie fest. Jetzt kann sich die Schlange vor die nächste Türritze schlängeln und sorgt für mollige Wärme.

MOLLIGER SCHAL
FÜR LIEBLINGS-KUSCHELTIERE

1. Stricke für den Schal mit Fransen mit der Strickliesel einen Schlauch, bis er die gewünschte Länge für dein Kuscheltier hat. Fädle einen Faden in eine Sticknadel ein und führe ihn durch eine gestrickte Schlaufe am Schalende.

4. Wiederhole den Vorgang am anderen Schalende.

2. Schneide etwa 10 cm von dem Faden ab und knote den restlichen Faden fest.

3. Befestige noch mehr Fransen an dem Ende des Schals und schneide sie anschließend auf dieselbe Länge ab.

5. Stricke für den Pompon-Schal einen Schlauch, bis er die gewünschte Länge für dein Kuscheltier hat. Den Anfangs- und Endfaden lang daran hängen lassen. Dann stellst du zwei kleine Pompons her, die Abbindefäden daran hängen lassen.

FERTIG!

6.

Befestige die Pompons an den Enden des Schals, indem du die Abbindefäden mit den Strickfäden verknotest.

TRAUMFÄNGER

Das brauchst du

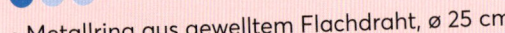

- Metallring aus gewelltem Flachdraht, ø 25 cm
- Paketschnur aus Hanf, mittlere Stärke, 2,40 m lang
- Filz in Türkis, 20 cm x 30 cm
- Lederband in Rot und Weiß, je 5 mm breit, 1 m lang
- 6 Deko- oder Hühnerfedern in Weiß, 10 cm lang
- 6 Chinchillafedern
- Vogelfeder (Bussard oder Krähe)
- Muschelstück mit Loch
- 4 Holzperlen in Weiß, ø 14 mm
- 2 Holzoliven in Weiß, 10 mm x 20 mm
- 10 Glasschliff- oder Kunststoffperlen, ø 10 mm
- 11 Glasschliff- oder Kunststoffperlen, ø 6 mm
- Bindedraht, ø 0,35 mm

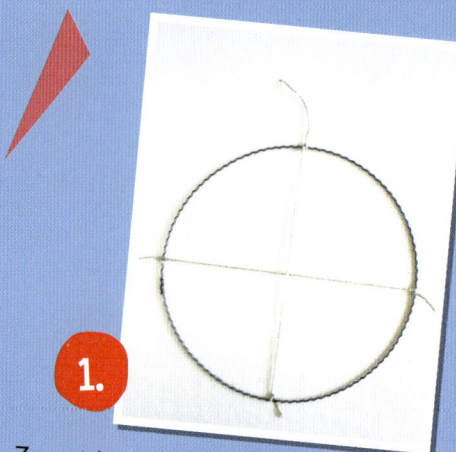

1. Zuerst knotest du zwei 40 cm lange Schnurstücke kreuzweise am Drahtring fest – die zwei anderen Schnurstücke von 40 cm Länge spannst du dazwischen.

2. Danach schneidest du von der langen Seite des Filzstücks fünf Streifen zu je 1 cm Breite ab und wickelst sie um den Drahtring und über die Schnurenden. Dabei klebst du nur Anfang und Ende des Filzstreifens am Drahtring fest.

3. Zum Bespannen benötigst du eine 1,80 m lange Schnur, an deren Ende du zuerst das Muschelstück knotest und es dann im Mittelpunkt des Netzes befestigst.

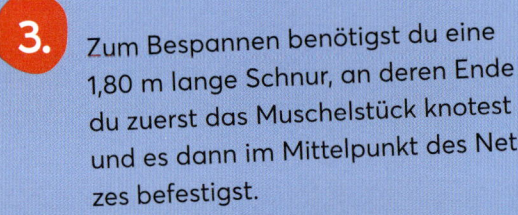

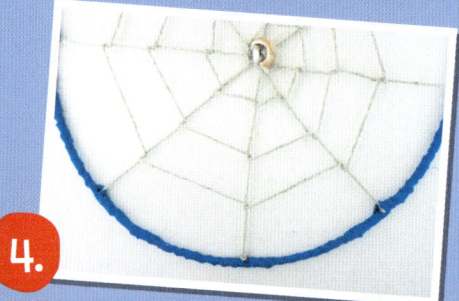

4. Danach legst du die Schnur etwa 1 cm entlang eines Spannfadens, windest sie einmal herum, führst sie weiter zum nächsten Spannfaden und windest sie wieder herum usw. Dabei ziehst du die Schnur leicht an, damit das Netz stabil wird und vergrößerst dabei ständig den Radius. Das Ende verknotest du am Rand.

FERTIG!

5. Jetzt schneidest du das weiße Lederband in vier gleich lange Stücke und klebst vier Filzstreifen mit je 1 cm Breite aneinander. Danach verwebst du wie auf dem Foto die Filzstreifen, ein weißes und das rote Lederband im Schnurgespinst. Damit die Lederbänder nicht nach innen rutschen, befestigst du sie mit den Perlen, durch die du ein Stück Draht gezogen hast, an den Spannfäden.

FLAUSCHIGER PINGUIN

Das brauchst du

● ● ●

- Wolle in Weiß, Petrol und Rot
- Filz in Hellblau, 1 mm stark, 5 cm x 6 cm
- Filz in Orange, 1 mm stark, 8 cm x 10 cm
- Filz in Weiß, 1 mm stark, 2 cm x 5 cm
- Filzstift in Schwarz
- Pompon-Schablone Größe 2 und 3

Vorlagen
Seite 138

1. Umwickle für den Körper die Schablone (Größe 3) mit weißer Wolle, bis das Loch in der Mitte etwa zu einem Drittel gefüllt ist. Anschließend die Schablone komplett mit Wolle in Petrol umwickeln. Den Pompon wie gewöhnlich fertigstellen.

2. Einen weiteren Pompon (Größe 2) in Petrol anfertigen und als Kopf aufkleben.

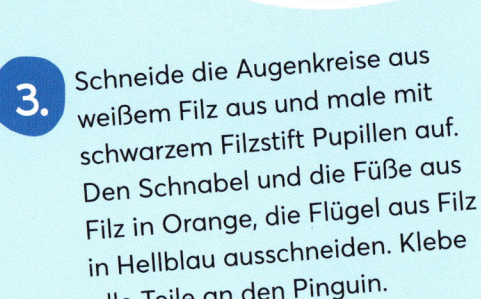

3. Schneide die Augenkreise aus weißem Filz aus und male mit schwarzem Filzstift Pupillen auf. Den Schnabel und die Füße aus Filz in Orange, die Flügel aus Filz in Hellblau ausschneiden. Klebe alle Teile an den Pinguin.

4. Schneide sechs 30 cm lange Fäden von der roten Wolle ab und knote sie an einem Ende mit einem Wollfaden zusammen. Dann flichtst du einen Schal. Am Ende die Fäden wieder zu einem Knoten schlingen.

FILZBAUM ZUM SCHMÜCKEN

1. Schneide aus dem grünen Filz einen großen Tannenbaum aus und klebe mit Textilkleber einen Stamm aus braunem Filz an den unteren Rand.

2. Übertrage die Sterne, Herzen, Zuckerstangen und Kugeln mithilfe der Vorlagen auf den restlichen Filz und schneide alles sorgfältig aus.

3. Verziere die Formen nach Belieben mit den Glitzerfarben. Lass alles gut trocknen!

4. Scheide das Klettband in verschiedene kleine Stücke, die jeweils etwas kleiner sind als deine Sterne, Herzen, etc.

5. Klebe die Kletterverschluss-Stücke mit Textilkleber auf die Rückseite deiner kunterbunten Baumdekoration. Sobald der Kleber getrocknet ist, kannst du dich ans Werk machen und deinen Weihnachtsbaum festlich schmücken!

Das brauchst du

- Filz in Grün, 4 mm stark, 30 cm x 40 cm
- Filzreste in Braun, Weiß, Rot, Pink und Gelb, 4 mm stark, 6 cm x 12 cm
- Plusterfarbe in Glitzerrot und Glitzergold
- raues Klettband, 1,5 cm breit, 14 cm lang
- Textilkleber
- Stoffschere

Vorlagen
Seite 139

NATUR-
MATERIAL

Die Natur ist eine riesengroße Fundgrube! Kastanien, Blätter, Muscheln, Steine ... aus all diesen Natur-Fundstücken kannst du großartige Bastelprojekte zaubern.

Wie wäre es mit coolen Schlüsselanhängern aus Holzscheiben oder einem knallbunten Steindomino? Vielleicht hast du aber auch Lust Windlichter mit filigranen Blüten zu verzieren oder Kastanien mit leuchtender Wolle zu kombinieren.

Egal zu welcher Jahreszeit – Naturmaterial ist das perfekte Bastelmaterial.

Also, nichts wie raus in die Natur und die schönsten Schätze sammeln!

BASTELN MIT NATURMATERIAL

Sammeln

Um mit Naturmaterial basteln zu können, musst du es erst einmal sammeln. Lege dir am besten einen Platz im Garten an, an dem du Zapfen, Muscheln, Steine, Stöcke und Rinde deponierst. Kastanien kannst du auch in einem Korb aufbewahren. Blätter und Blüten presst du am besten zwischen Telefonbuchseiten, Beeren verwendet man meist frisch.

Schnitzen

Mit einem Taschenmesser kannst du die tollsten Formen in einen Stock schnitzen. Führe dabei das Messer von dir weg und achte bei jeder Kerbe darauf, dass kein Finger im Weg ist. Es gibt auch spezielles Schnitzwerkzeug mit allerlei Stemm- und Hohleisen. Das ist aber wirklich nur was für Profis!

Sägen

Große Äste, Pfähle und Bretter muss man oft erst zusägen, bevor man mit ihnen werken kann. Dass solltest du nur unter der Aufsicht eines Erwachsenen tun, damit du dich dabei nicht verletzt. Spanne das betreffende Holzstück mit Schraubzwingen fest, sodass es dir nicht entwischen kann. Markiere die Sägestelle mit Bleistift. Dann sägst du vorsichtig mit geraden Bewegungen von dir fort.

Schleifen und Schmirgeln

Mit groben Raspeln und Feilen kann man das Holz prima bearbeiten. Ist die grobe Form erkennbar, kannst du auf Schleifpapier umsteigen und alle Kanten sorgfältig glätten. Je grober die Körnung des Papiers ist, umso feiner wird dein Schliff.

Farbe

Holz kannst du entweder in seiner Naturfarbe belassen oder mit Speiseöl einölen. Zum bemalen eignet sich Acrylfarbe. Wenn dein Objekt wetterfest sein soll, kannst du es mit Klarlack besprühen.

Einfrieren

Auch mit Schnee und Eis lassen sich tolle Kunstwerke erschaffen: Außer einem Schneemann könntest du ja mal eine Pyramide oder ein Monster aus Schnee machen. Wenn du Teelichter hineinstellst, dann leuchtet der Schnee geheimnisvoll in der Dämmerung. Beeren, Blüten und andere Fundstücke lassen sich auch einfrieren. Gestalte so Eislichter oder lege Mandalas in Blumenuntersetzer, die du dann mit Wasser füllst, sodass du nach einer kalten Nacht eine Eisscheibe an der Eingangstür aufstellen kannst.

Kleben

Manchmal benötigt man Klebstoff. Dann bietet sich UHU creativ für Naturmaterialien an.

FINDESCHMUCK

Das brauchst du

Fundstück mit Loch
- Stück moosbewachsene Rinde mit Loch
- Holzperle in Weiß, ø 1 cm
- Holzperle in Türkis, ø 8 mm
- Holzperle in Lila, ø 5 mm

- Basteldraht in Gold, ø 0,5 mm, 15 cm lang
- Lederband in Rot, ø 2 mm, 92 cm lang
- kleine Zange

Fundstück ohne Loch
- Muschel

- Tannenzapfenschuppe
- Holzperle in Blau, ø 5 mm
- Basteldraht in Gold, ø 0,5 mm, 25 cm und 10 cm lang
- Lederband in Natur, ø 1,5 mm, 70 cm lang
- kleine Zange

1. Schneide, wenn du mit einem Fundstück mit Loch arbeitest, ein 15 cm langes Stück Draht ab und fädle ihn durch ein geeignetes Löchlein in deinem Naturfundstück. Biege ihn in der Mitte um, sodass du zwei gleich lange Enden hast.

2. Fädele die drei Holzperlen auf beide Drahtstück-enden.

3. Verdrehe die Drahten-den, die aus den Holzperlen herausragen zu einer Schlinge. Das geht am besten mit einer kleinen Zange.

4. Hat dein Fundstück kein Loch, schnei-dest du zwei Drahtstücke ab, sie sollten jeweils ungefähr fünfmal so lang sein wie deine Fundstücke. Biege den ersten Draht in der Mitte und verdrehe ihn ein wenig, sodass eine kleine Öse entsteht.

5. Fädele eine Holzperle auf beide Draht-stücke.

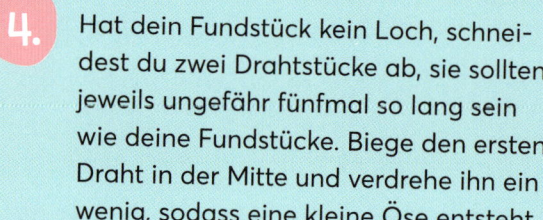

6. Befestige einen deiner gefundenen Schätze aus der Natur, indem du ihn mit beiden Drahtstü-cken überkreuzend umschlingst, verdrehe den Draht auf der Rückseite zu einer Öse. Fädele den zweiten Draht durch die Öse, verdrehe den Draht wieder ein wenig und um-schlinge anschließend das zweite Fundstück.

7. Auf der Rückseite verdrehst du beide Drahtenden miteinander. Fädle den Anhänger auf ein Lederband.

FERTIG!

KUNTERBUNTES
STEINDOMINO

1.

Für das Steindomino brauchst du ähnlich große, flache Steine. Zunächst umklebst du die Steine mittig mit einem Streifen Masking Tape. Drücke den Streifen fest auf den Stein, damit beim Anmalen keine Farbe darunter gelangen kann.

2.

Jetzt kannst du die Steine mit Acrylfarbe bemalen. Du brauchst immer zwei Farben pro Stein und solltest darauf achten, dass jede Farbe auch noch bei einem anderen Stein vorkommt, sodass du sie später beim Domino spielen aneinanderlegen kannst. Am einfachsten ist es, die Steine in eine Reihe zu legen und dann immer zwei aneinanderliegende Steinhälften in der gleichen Farbe zu bemalen.

3.

Lass die Acrylfarbe gut trocknen. Dann ziehst du den Streifen Masking Tape vorsichtig ab und fertig ist dein Dominospiel.

Das brauchst du

● ● ● ●

- flache Steine
- Acrylfarbe in verschiedenen Farben
- Pinsel
- Masking Tape, schmal, 7 mm breit
- Schere

TIPP:
Natürlich kannst du statt der Farbflächen auch kleine Symbole, Gesichter oder Muster auf die Dominosteine malen. Hauptsache, du hast immer Pärchen.

HASENBANDE

Das brauchst du

○○●
- Äste mit Gabel
- Acrylfarbe in Weiß
- Pinsel

- Permanentmarker in Schwarz
- Maisstroh
- je 1 Pompon in Rosa, ø 10 mm
- Stoffreste, bunt
- Schere
- je 2 Wackelaugen, ø 10 mm
- Bastelkleber

TIPP: Du kannst die Augen auch einfach aufmalen oder den Ast komplett anmalen. Probiere es einfach aus. Die Häschen sind eine lustige Deko – nicht nur zu Ostern.

1.  Für diese Hasen brauchst einen Ast mit einer Astgabel. Bemale die Mitte der Gabelung als Gesicht und die beiden Ohren mit weißer Acrylfarbe und lass alles gut trocknen.

3.

2. Jetzt klebst du mit Bastelkleber zwei Wackelaugen auf die Astgabel auf.

Rupfe dir ein paar Fäden Maisstroh zurecht und klebe sie als Schnurrhaare mittig unter die Augen. Darüber klebst du den rosafarbenen Pompon als Nase. Darunter malst du dem Häschen mit schwarzem Permanentmarker ein Schnäuzchen.

4. Zum Schluss schneidest du einen ca. 1 cm x 10 cm langen Streifen Stoff zurecht und bindest ihn deinem Hasen als Schal um.

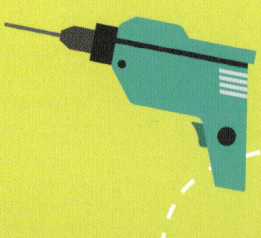

FAMILIE EIERKOPF

1. Für diese kleinen Eierköpfe brauchst du leere, saubere Eier, von denen das obere Drittel fehlt. Dafür schlägst du das obere Drittel vom Ei an der Kante einer Schüssel an und nimmst dann vorsichtig das Häubchen ab. Spüle die größere Eihälfte gründlich aus und trockne sie ab.

Das brauchst du

● ● ●

- 4 Eier
- je 2 Wackelaugen, ø 7 mm
- Permanentmarker in Rot und Rosa
- Fotokartonreste in Schwarz, Blau, Gelb und Rosa
- Schere
- Chenilledraht in Gelb, 50 cm lang
- Watte
- Kressesamen
- UHU Alleskleber

Vorlagen
Seite 140

2. Als Nächstes schneidest du nach Vorlage Hüte, Schnurrbärte oder Accessoires aus Fotokarton zu. Klebe sie mit Alleskleber an die gewünschten Stellen.

3. Jetzt klebst du vorne zwei Wackelaugen auf und zeichnest mit Permanentmarkern den Rest des Gesichtes auf. Die Arme entstehen aus dem gelben Chenilledraht. Schneide ein jeweils 10 cm langes Stück Draht zurecht und biege es zu einem U. Dann klebst du den Draht hinten mittig mit Alleskleber an das Ei an. Die Spitzen kannst du zu Händen formen.

4. Damit deinen Eierköpfen Haare wachsen, füllst du sie nun noch mit etwas Watte, streust ein paar Kressesamen darauf und weichst das Ganze mit Wasser ein. Du wirst sehen, nach ein paar Tagen bekommen deine Köpfe grünen Haarwuchs!

> **TIPP:**
> Für einen schnellen Haar-Aha-Effekt kannst du auch Fertigkresse im Supermarkt kaufen, kleine Stücke der Matte abschneiden und in die Eierköpfe hineinstecken. So oder so – gießen nicht vergessen!

MAGNETTAFEL
MIT FISCHEN

Das brauchst du

- Holzplatte, ca. 32 cm x 25 cm
- Kieselsteine
- Magnetfarbe (Grundierung)

- Magnete, ca. 1 bis 1,5 cm
- Bastelfarben
- feinen Sand
- Muscheln, Seestern

- Zweig
- Kordel oder Bindfaden

Vorlagen
Seite 137

Grundiere die Holzplatte mit Magnetfarbe. Lass sie nach Herstellerangaben trocknen und trage dann eine zweite Farbschicht auf, so haften die Magnete besser.

Nach dem Trocknen der Magnetfarbe die Holzplatte mit weißer Bastelfarbe grundieren. Wieder trocknen lassen.

FERTIG!

14.00 Uhr
Tennis

Ciao

3.

Male das Meer mit weißer und hellblauer Farbe auf. Benutze einen breiten Pinsel und trage im unteren Teil mehr weiße Farbe auf. Den Zweig rot bemalen und alles trocknen lassen.

4.

Trage mit einem Pinsel Holzleim auf den unteren Teil der Platte auf und streue den Sand auf. Schüttle den Überschuss ab, indem du die Tafel senkrecht hältst. Klebe dann mit viel Holzleim Muscheln, Seestern und den bemalten Zweig auf.

5. Klebe die Kiesel mit Muscheln zusammen und bemale sie nach Lust und Laune. Nach dem Trocknen klebst du Magnete auf die Rückseite.

MINIKÖRNER-
MANDALAS

Das brauchst du

● ● ●

- Fotokarton in Braun, Grün oder Rot, A4
- verschiedene Körner und Kerne, z.B. Mais, Hirse, rosa Pfeffer, rote Linsen, Erbsen, Bohnen, Kürbiskerne
- Essstäbchen

aus Holz oder Bambus, 25 cm lang (alternativ Schaschlikspieß)
- Bast oder Schleifenband, 20 cm lang
- UHU flinke Flasche

Vorlagen
Seite 140

1. Übertrage den Kreis von der Vorlage zweimal auf den Fotokarton und schneide ihn sorgfältig aus.

2. Zeichne dein gewünschtes Motiv auf den Kreis. Male mit dem Kleber ein kleines Stück des Motivs aus und streue die Körner, die du dir ausgesucht hast, darauf. Drücke sie ein wenig fest und drehe das Bild dann vorsichtig um, so können die überschüssigen Körner herunterfallen. Dann kommt das nächste Stückchen dran.

3. So geht es weiter, bis das ganze Motiv mit Körnern beklebt ist. Gestalte auch den zweiten Kreis.

4. Nach dem Trocknen kannst du auf der Kreisrückseite ein Holzstäbchen festkleben, den zweiten Kartonkreis dagegen kleben und den Stiel mit etwas Bast oder einer schönen Schleife verzieren. Fertig ist ein großartiger Blumenstecker!

ZARTE SCHMETTERLINGE

1.

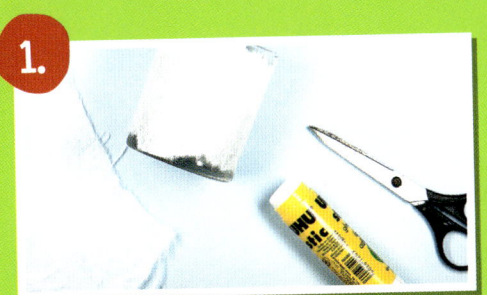

Du brauchst ein Stück Seidenpapier, das fast so groß wie das Glas ist. Leg das Papier herum und markiere die Größe, dann reiße es zurecht, streiche es mit einem Klebestift ein und klebe es auf.

2.

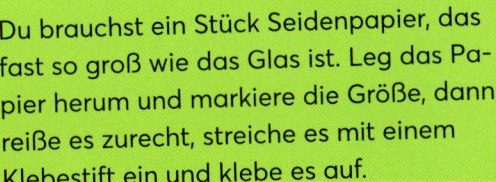

Lege die Schmetterlinge erst auf deiner Arbeitsfläche zurecht, bevor du die Einzelteile aufklebst. Dazu den Klebstoff aufstreichen und die Pflanzen aufsetzen. Vorsicht mit den Trockenpflanzen, sie brechen leicht!

3.

Die Fühler kannst du aus feinen Pflanzenteilen kleben oder mit einem wasserfesten, schwarzen Filzstift aufmalen.

Das brauchst du

● ● ●

- gepresste Blüten, Blätter und Gräser
- Gläser oder Schachteln
- Strohseide oder Seidenpapier
- Draht
- Glas- und Wachsperlen

TIPP:
Hübsch sind auch Karten und bemalte Holzschachteln mit aufgeklebten Blüten. Oder du machst ein Gartenlicht zum Aufhängen aus einem Marmeladenglas. Fädle Perlen auf Draht und wickle diesen eng um den Glasrand. Für den Henkel kannst du den Draht stellenweise um ein Schaschlikstäbchen wickeln und kräuseln. Die Drahtenden des Henkels dann gut am Glasrand befestigen, indem du sie durchfädelst und viele Male um den Henkel herumwickelst.

COOLE KRACHMACHER

- Ast mit Astgabel, ca. 35 cm lang
- Kastanien
- Eicheln
- Eichelkappen
- Holzperlen
- Stoffreste
- Bindedraht, 0,7 mm stark
- Kastanienbohrer, dünn
- 100er-Schleifpapier
- Klebestift

1. Entferne zuerst die Rinde vom Ast. Manchmal kann man sie mit den Fingern einfach abschälen. Wenn sie fester sitzt, geht es mit Schleifpapier am einfachsten.

2.

Aus Stoffresten reißt du nun ca. 1 cm breite Streifen zurecht und umwickelst damit der Reihe nach den „Griff" vom Ast. Dazu klebst zu den Anfang des Streifens mit Klebestift am Ast fest, umwickelst ihn dann und klebst das Ende ebenfalls mit Kleber fest. Wenn du farblich unterschiedliche Stoffe nimmst, bekommst du einen schönen bunten Griff.

3. Als Nächstes durchbohrst du Eicheln, Eichelkappen und Kastanien mit einem dünnen Kastanienbohrer. Dann schneidest du ein ausreichend langes Stück Draht zu. Es sollte zweimal so lang sein wie der Abstand zwischen deinen Astgabelspitzen.

4.

Fädle nun der Reihe nach Eicheln, Holzperlen, Eichelkappen, Glöckchen und Kastanien auf. Halte den Draht zwischen die Astspitzen und kontrolliere. Es sollte auf beiden Seiten noch etwas Platz sein, damit sich die Perlen, Glöckchen und Naturmaterialien noch bewegen können. Nur so machen sie Krach.

5.

Jetzt wickelst du die Drahtenden jeweils um die Astspitzen der Astgabel und verzwirbelst die Enden. Fertig ist dein Krachmacher!

FLOSS-FLOTTE

1.

Für die Grundfläche knotest du den Bindfaden an einem 21 cm langen Zweig an und legst diesen quer auf die acht langen Zweige. Dann verbindest du die Zweige miteinander, indem du den Bindfaden so führst: unter den ersten Zweig, über den oberen quer verlaufenden Zweig, unter den zweiten Zweig, über den oberen Zweig, unter den dritten Zweig usw.

Wenn du den Bindfaden auch unter den achten und letzten Zweig gezogen und wieder nach oben geführt hast, machst du nochmals dasselbe vom achten Zweig zurück bis zum ersten Zweig, an dem du den Bindfaden zu Beginn angeknotet hast. Schneide den Bindfaden vom Knäuel ab und verknote die beiden Fadenenden miteinander.

2.

Die drei anderen 21 cm langen Zweige werden ebenso angeknotet. Die beiden mittleren Zweige müssen dicht aneinander liegen, denn zwischen sie wird später der Mast gesteckt. Wichtig ist, dass du den Bindfaden immer sehr straff anziehst.

3.

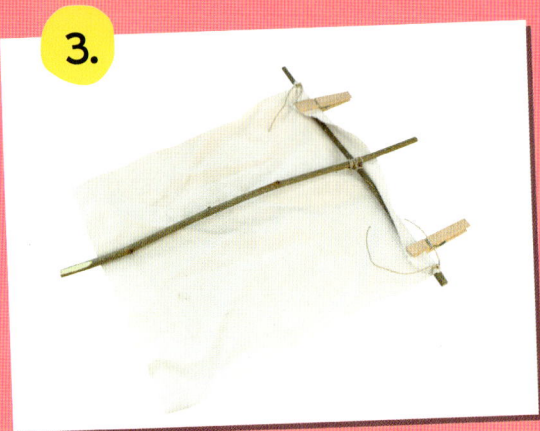

Nun werden Mast und Segel angebracht. Dazu bindest du die beiden dünnen Zweige zu einem Kreuz zusammen. Den waagrechten Zweig nennt man Rah und das Stoffquadrat ist das Rahsegel. Damit sich das Segel besser anbinden lässt, heftest du es am besten mit zwei Wäscheklammern an den Zweig.

4.

FERTIG!

Stecke den Mast zwischen die beiden mittleren Querhölzer, dann kannst du ihn wie auf dem Foto am Floß anbinden. Zum Schluss malst du den Totenkopf oder ein anderes Motiv, das dir gefällt, auf die Tonpapierflagge und klebst sie an den Mast.

MUSCHEL-STIFTEHALTER

Das brauchst du

- lufttrocknende Modelliermasse, 500 g
- Nudelholz
- verschiedene Muscheln
- leeres Glas
- Acrylfarbe in Rosa, Hellblau, Gelb, Mint und Pink
- Pinsel
- Messer

1. Dieses Projekt eignet sich besonders gut für die Zeit nach einem Urlaub am Meer. Deine gesammelten Muschelschätze kannst du hier gebrauchen. Male zunächst einige von ihnen mit Acrylfarbe an und lass sie gut trocknen. Insgesamt brauchst du ca. 20 Muscheln. Eine Hälfte bemalst du, die andere Hälfte bleibt so wie sie ist.

2.  Rolle die lufttrocknende Modelliermasse mit einem Nudelholz ca. 0,5 cm dick aus. Dann legst du sie vorsichtig um das Glas. Drücke die Masse am Glas fest und schneide überstehende Reste mit einem Messer ab. Den kantigen Rand, der an den Schnittflächen entsteht, glättest du am besten mit einem nassen Finger.

FERTIG!

3.  Jetzt kannst du die Muscheln der Reihe nach fest in die Modelliermasse drücken. Dein Stiftehalter sollte mindestens eine Nacht gut durchtrocknen, bevor er zum Einsatz kommt.

SCHNECKEN-POST

Das brauchst du

- 50 g lufttrocknende Modelliermasse in Weiß
- Schneckenhaus
- ½ Zahnstocher
- Acrylfarbe in Gelb, Rosa, Orange oder Hellbraun
- Papierdraht in Orange, 12 cm lang
- Permanentmarker in Schwarz
- UHU Alleskleber Kraft

1. Forme zunächst den Kopf der Schnecke. Dazu benötigst du eine etwa 3 cm große Kugel, die du dann ein wenig oval drückst.

2. Klebe ein kleines Kügelchen als Nase fest. Mit dem Zahnstocher bohrst du Löcher für die Fühler.

3. Nun kommt der Körper dran: Rolle eine 5 cm große Kugel zu einer Schlange aus und biege ein Ende vorsichtig als Hals nach oben.

4. Stecke einen halben Zahnstocher in den Hals der Schnecke, sodass du den Kopf befestigen kannst. Verstreiche die Klebestelle mit deinen Fingern. Drücke das Schneckenhaus probehalber auf den Rücken der Schnecke.

5. Wenn die Modelliermasse nach etwa einem Tag getrocknet ist, kannst du sie bemalen.

6. Klebe die Papierdrahtstücke als Fühler in die Löcher am Kopf, die Enden rollst du zu kleinen Kringeln auf.

7. Ergänze das Gesicht mit einem wasserfesten Filzstift.

8. Klebe das Schneckenhaus auf den Rücken deiner Schnecke – und ab geht's in den Gemüsegarten!

KASTANIEN KUNST

1.

Bohre mit dem Kastanienbohrer vier Löcher seitlich in die Kastanie. Sie sollten sich jeweils genau gegenüberliegen. Gib etwas Alleskleber auf jede Schaschlikspieß-Spitze und stecke die Spieße in die vorgebohrten Löcher. Lass den Kleber gut trocknen. Schneide die Spieße auf eine Länge von 10 cm zurecht.

2.

Jetzt knotest du den ersten Wollfaden an einem der Spieße fest. Führe den Faden zum nächsten Spieß und umwickle ihn einmal mit der Wolle, bevor du dich wiederum zum Nächsten vorarbeitest. Nur so erhältst du später ein ebenes Muster. Wenn du eine neue Farbe ins Spiel bringen willst, verknotest du das Ende des alten Wollfadens mit dem Ende des neuen. Dann machst du einfach weiter wie zuvor.

3.  Gefällt dir dein Werk, dann kannst du den letzten Faden am Schaschlikspieß festbinden, bei dem du gerade angelangt bist. Schneide das restliche Fadenstück ab.

4.

Jetzt gibst du einen Klecks Kleber auf die Spieß-Enden und steckst eine Holzperle darauf. Fertig ist dein Kastanien-Kunstwerk!

TIPP:
Du kannst für dein Kastanien-Kunstwerk auch sechs oder acht Schaschlikspieße verwenden. Auch das sieht toll aus!

FERTIG!

ZAPFEN-BLUMENSTRAUSS

Das brauchst du
●●●

- Tannenzapfen
- Äste, ca. 30 cm lang
- Bastelfilz in verschiedenen Farben
- Acrylfarbe in verschiedenen Farben
- Pinsel

- Schere
- Bastelkleber

Vorlagen
Seite 141

1.

Zuerst malst du die Enden der Zapfen mit etwas Acrylfarbe an. Lass die Zapfen gut trocknen.

2.

Schneide aus Bastelfilz nach Vorlage eine große und eine kleine Blume aus und klebe sie mit Bastelkleber übereinander. Dann schneidest du nach Vorlage die Blätter aus Bastelfilz zurecht und knotest sie um einen Ast.

3.

Klebe zuerst die Doppelblume auf die flache Schnittkante des Astes und lass den Kleber gut trocknen. Danach kannst du den Zapfen auf die Blume kleben.

TIPP:
Je mehr Blumen du
machst, umso größer wird
natürlich auch dein Strauß.
Du kannst statt der vorge-
gebenen Blütenform auch
prima selbst herumexperi-
mentieren und eigene
Blütenformen aus Filz
ausschneiden.

FLINKE KASTANIENKERLE

Das brauchst du

● ● ●

- Maiskolben mit Blättern
- Kastanien und Kastanienhüllen
- kleine Äpfel
- rote Beeren
- Streichhölzer, Schaschlikstäbchen
- kleine Wackelaugen

1.

Löse die Blätter vom Maiskolben und kratze mit einem Löffel vorsichtig einige Körner vom Maiskolben ab, um ein Rechteck freizulegen.

2.

Klebe ein zurechtgeschnittenes Maisblatt in das freigeschabte Rechteck.

3.

Die Räder sind Kastanien mit gebohrten Löchern. Als Radachsen Schaschlikstäbchen auf Maiskolbenbreite kürzen. Die Kastanien aufstecken und die Achsen unter den Kolben kleben.

4.

Für die Köpfe auch Kastanien nehmen und Löcher bohren. Ein Zündholz einstecken. Für den Körper Kastanien oder Äpfelchen verwenden und die Arme aus Zündhölzern einstecken. Immer abgebrannte Zündhölzer verwenden!

5.

Jeweils Kopf und Körper zusammenkleben. Die Kastanienhüllen auf die Köpfe kleben.

6.

Die Wackelaugen und Beeren als Nase aufkleben. Den Mund mit einem wasserfesten Stift aufmalen. Die Männchen dann mit Alleskleber festkleben.

FERTIG!

TIPP:
Mit Naturmaterialien kannst du auch hübsche Fensterketten machen. Einfach die gewünschten Fundstücke auffädeln. Kastanien sollten frisch sein, damit man sie mit einem Kastanienbohrer durchbohren kann. Mais kann in Stücke geschnitten werden. Bitte einen Erwachsenen, das zu übernehmen.

BLÄTTER IM FARBRAUSCH

TIPP:
Getrocknete Blätter brechen sehr schnell. Du kannst auch einfach frische Blätter wie beschrieben bemalen.

Das brauchst du

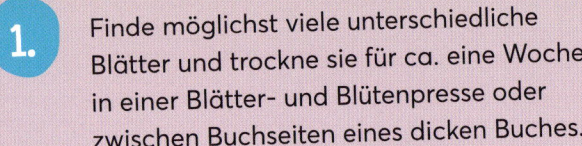

- verschiedene Blätter
- Acrylfarbe in verschiedenen Farben
- Pinsel

- Permanentmarker in verschiedenen Farben, 0,8 mm und 1–2 mm
- Basteldraht, ø 0,4 mm
- Ast

1. Finde möglichst viele unterschiedliche Blätter und trockne sie für ca. eine Woche in einer Blätter- und Blütenpresse oder zwischen Buchseiten eines dicken Buches.

2. Dann nimmst du sie vorsichtig heraus. Bemale die Blätter zunächst flächig mit unterschiedlichen Acrylfarben und lass sie gut trocknen.

3.

Dann kannst du sie mit Permanentmarker verzieren. Male ihnen Punkte, Kreise, Striche oder Schnörkel auf. Schön wirkt es auch, wenn du zuerst größere Kreise aufmalst und dann kleine Punkte in die Mitte tupfst.

4 Wenn du mit deinen Kunstwerken zufrieden bist, kannst du die Blätter mit einem kleinen Stück Draht an einem kahlen Zweig befestigen. Wickle dafür eine Drahtspitze um den Blattstiel. Dann kannst du das andere Ende vom Draht am Zweig befestigen. Das machst du mit allen Blättern, bis dein Zweig knallbunt ist. Wenn du magst, kannst du die Blätter aber auch mit etwas Bastelkleber an den Zweig ankleben.

FERTIG!

MONSTERMÄßIGE SCHLÜSSELANHÄNGER

1.

Gib etwas Acrylfarbe auf einen Pappteller und tunke die Spitze von einem Schaschlikspieß in die Farbe. Betupfe den äußeren Rand mit der Spitze einmal rundherum (dafür musst du den Spieß immer wieder in die Farbe tunken) und lass die Farbe gut trocknen. So erhältst du eine schöne Verzierung.

2

Drücke deinen Daumen in ein farbiges Stempelkissen und mache auf der Holzscheibe einen Abdruck davon. Jetzt kannst du ganz nach Lust und Laune mit einem schwarzen Permanentmarker ein Monster, ein Tier oder etwas anderes, das dir in den Sinn kommt, daraus zeichnen.

Das brauchst du

- Holzscheiben, ca. 5 cm x 10 cm x 0,7 cm
- Ringschrauben, 8 mm lang
- Schlüsselring mit Kette
- Permanentmarker in Schwarz, 0,8 mm
- Stempelfarbe in Gelb, Blau, Grün, Rot
- Acrylfarbe in Weiß, Blau, Hellblau und Gelb
- Schaschlikspieß
- Kastanienbohrer, dünn

3.

Als Nächstes bohrst du mit dem Kastanienbohrer in der oberen Seite ein Loch vor. Drehe dann eine kleine Ringschraube hinein und befestige die Kette samt Schlüsselring daran.

FERTIG!

ERDNUSS-PINGUINE

Das brauchst du

● ● ○

- Erdnuss
- Acryllack in Schwarz, Cremeweiß und Orange
- 3 feine Haarpinsel
- Prickelnadel
- Nähgarn in Weiß
- Nähnadel
- Bastelunterlage

1. Spieße die Erdnuss längs auf die Prickelnadel.

2. Bemale mit einem feinem Haarpinsel Bauch und Gesicht des Pinguins weiß.

3. Bemale die restliche Nuss schwarz.

5. Die Füße und den Schnabel malst du in Orange auf. Farbe trocknen lassen.

4. Zeichne Augen in Schwarz auf.

6. Pike vorsichtig mit der Nadel durch den Pinguinkopf, ziehe den Faden durch und verknote ihn.

BEERENSTARKE EISLICHTER

1.

Das große Gefäß muss gerade Wände haben oder nach oben weiter werden. Setze einen Plastikbecher hinein und befestige diesen mit Klebeband. Der Becher sollte mindestens 2–3 cm über dem Boden hängen.

2.

Schneide das Klebeband mittig durch und klebe es an den Becherinnenseiten fest.

3.

Fülle die Naturmaterialien in den Zwischenraum. Gieße dann Wasser in das Glas und stelle es über Nacht ins Freie (bei Frost) oder in den Gefrierschrank. Die Gefäße dann unter warmes Wasser halten, damit sich das Eis leicht anlöst. Die Eisform herausnehmen und mit einem Teelicht ins Freie stellen.

VORLAGEN

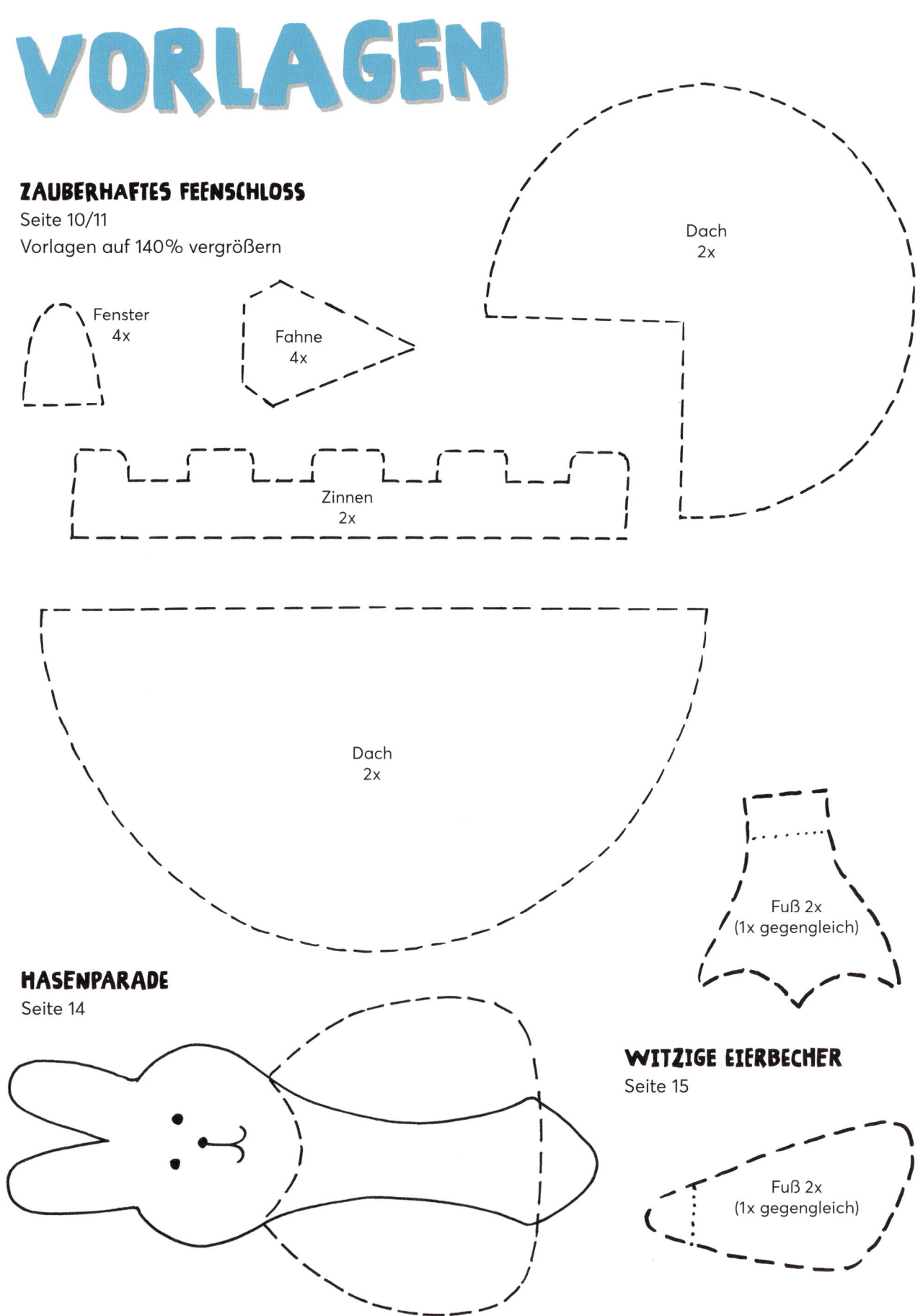

ZAUBERHAFTES FEENSCHLOSS
Seite 10/11
Vorlagen auf 140% vergrößern

Fenster
4x

Fahne
4x

Dach
2x

Zinnen
2x

Dach
2x

Fuß 2x
(1x gegengleich)

HASENPARADE
Seite 14

WITZIGE EIERBECHER
Seite 15

Fuß 2x
(1x gegengleich)

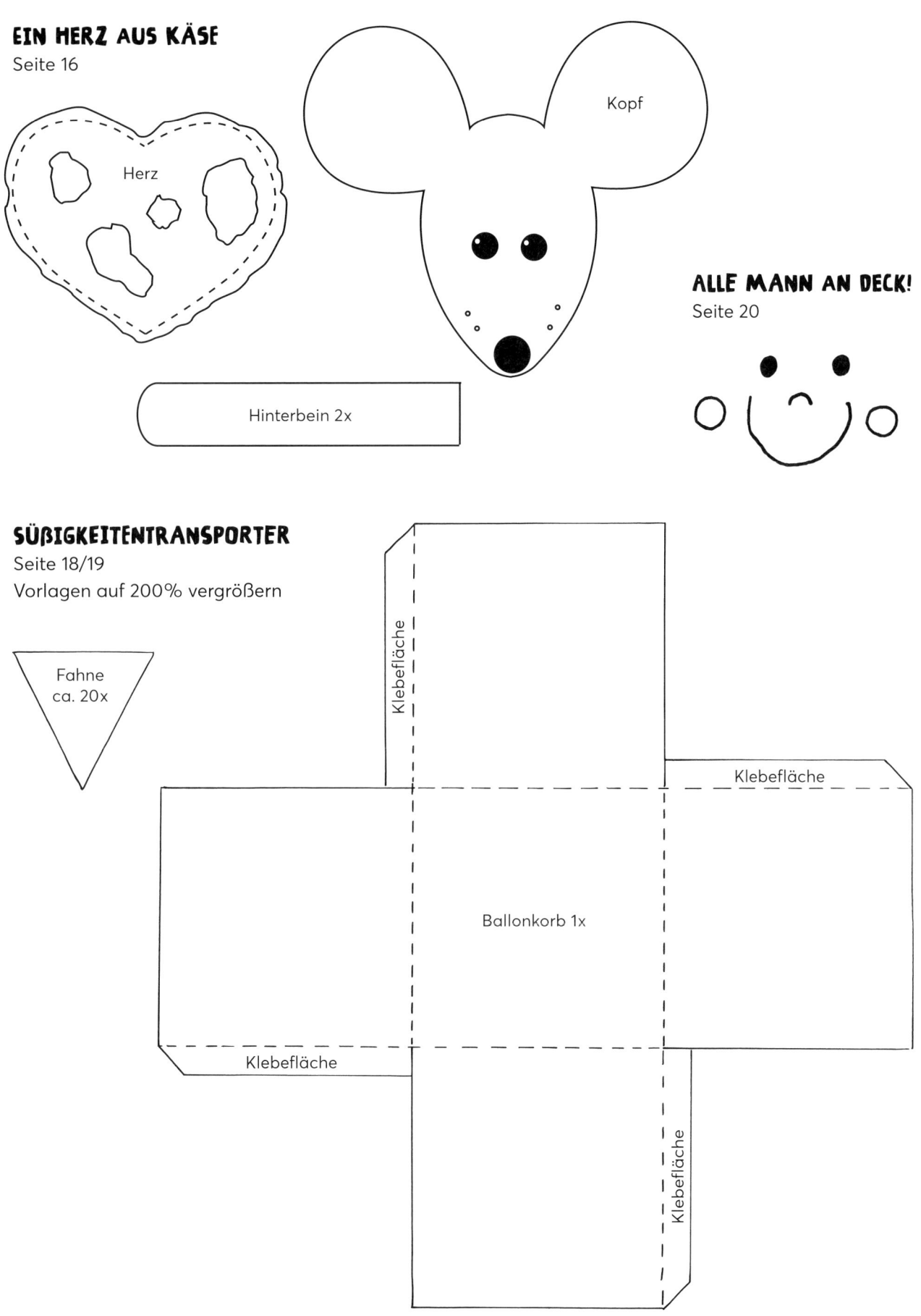

EIN HERZ AUS KÄSE
Seite 16

Herz

Kopf

Hinterbein 2x

ALLE MANN AN DECK!
Seite 20

SÜßIGKEITENTRANSPORTER
Seite 18/19
Vorlagen auf 200% vergrößern

Fahne
ca. 20x

Klebefläche

Klebefläche

Ballonkorb 1x

Klebefläche

Klebefläche

MAGISCHE EINHÖRNER
Seite 25

Bein-Ausschnitt

Bein

Horn

Körper-Ausschnitt

WIR LIEBEN BLUMEN!
Seite 26

Wolle

Kopf

Huf
2x

Zahn
2x

Auge
2x

Zahn
4x

Ohr
2x

Horn
2x

VON EINEM ANDEREN STERN
Seite 30

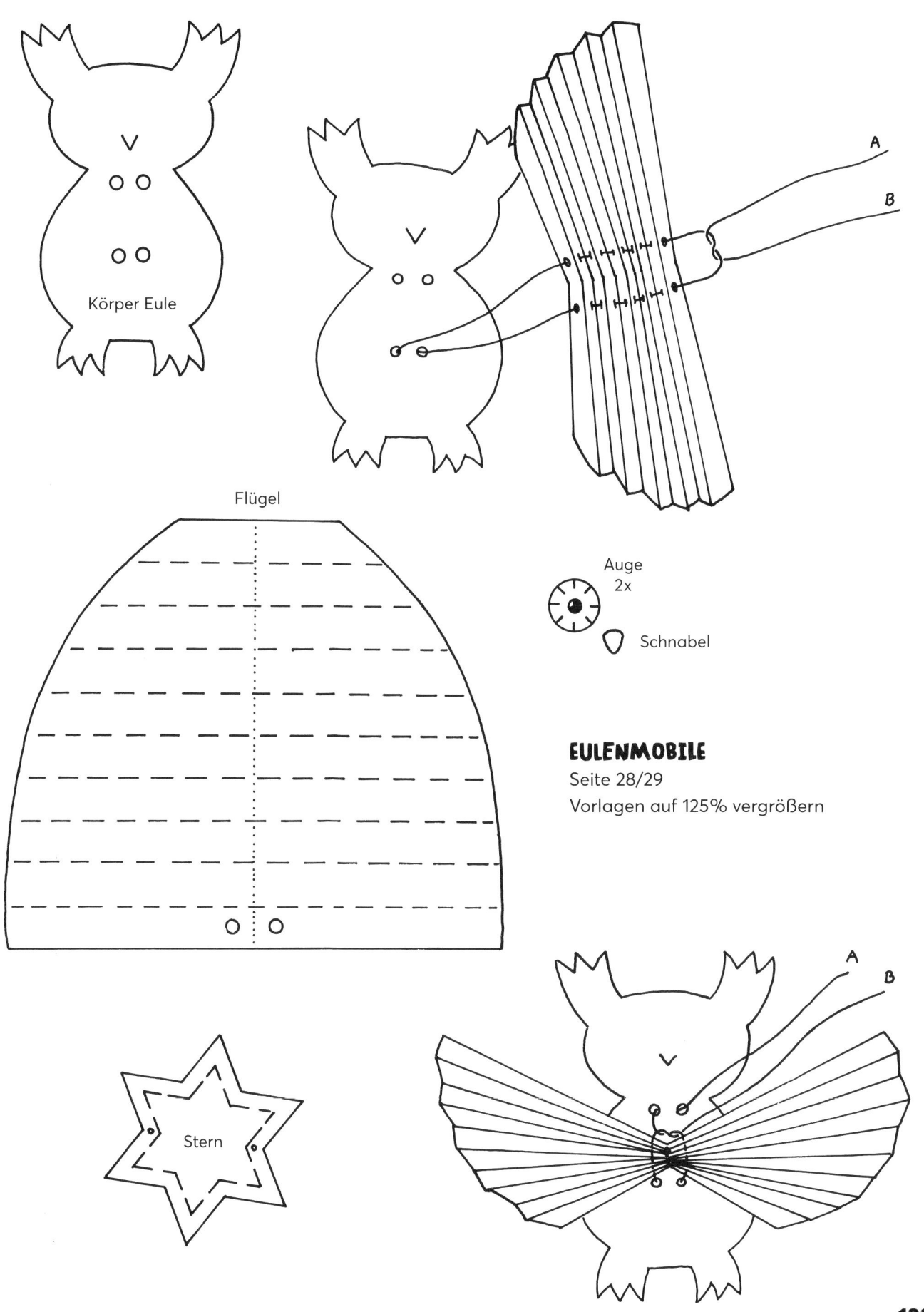

Körper Eule

Flügel

Auge
2x

Schnabel

EULENMOBILE
Seite 28/29
Vorlagen auf 125% vergrößern

Stern

A

B

A

B

KEGELSPIEL
Seite 33

Ohr
8x

Körper
5x

Gesicht

STREETART SOCKEN
Seite 54
Vorlagen auf 125% vergrößern

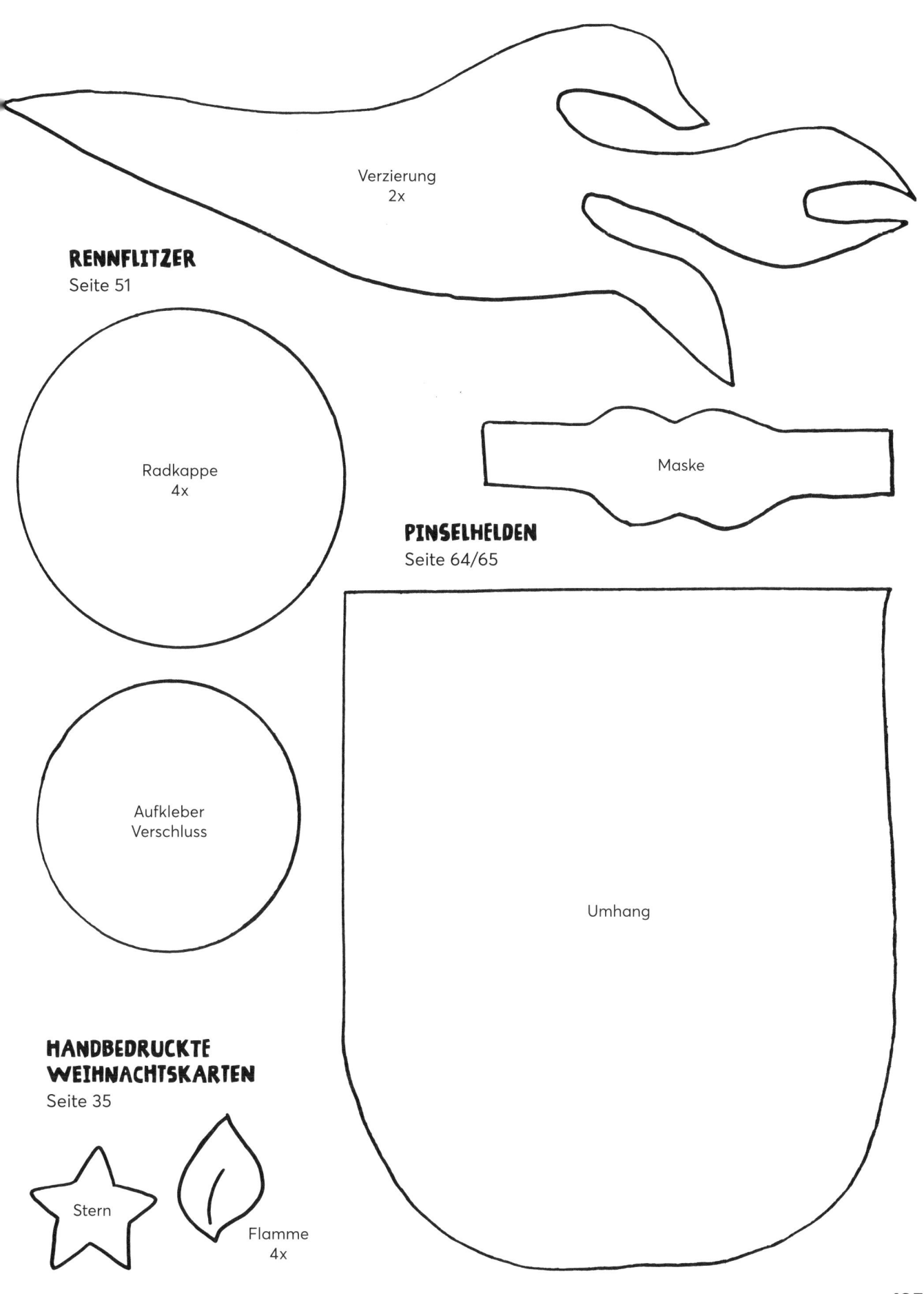

Verzierung
2x

RENNFLITZER
Seite 51

Radkappe
4x

Maske

PINSELHELDEN
Seite 64/65

Aufkleber
Verschluss

Umhang

**HANDBEDRUCKTE
WEIHNACHTSKARTEN**
Seite 35

Stern

Flamme
4x

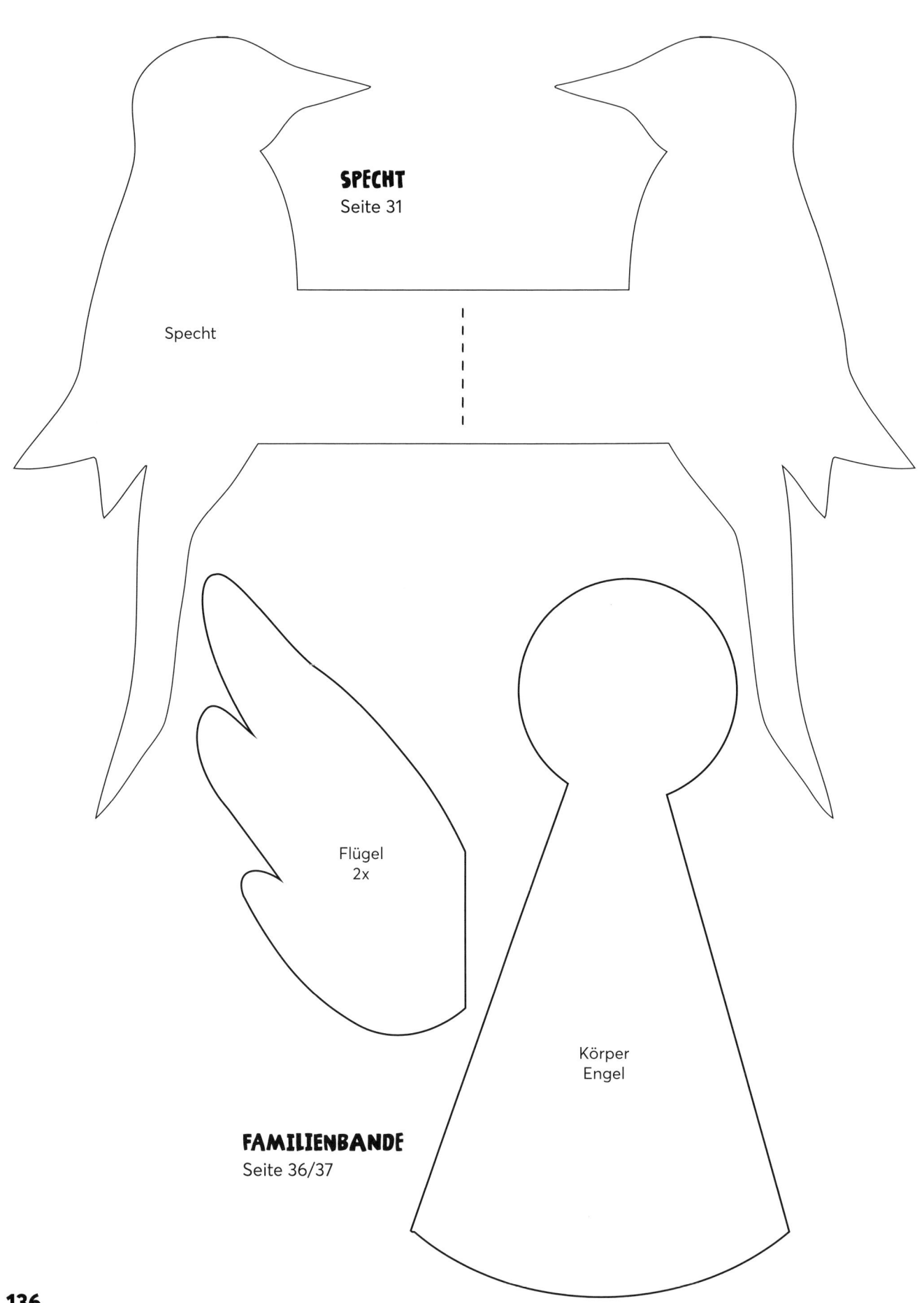

SPECHT
Seite 31

Specht

Flügel
2x

Körper
Engel

FAMILIENBANDE
Seite 36/37

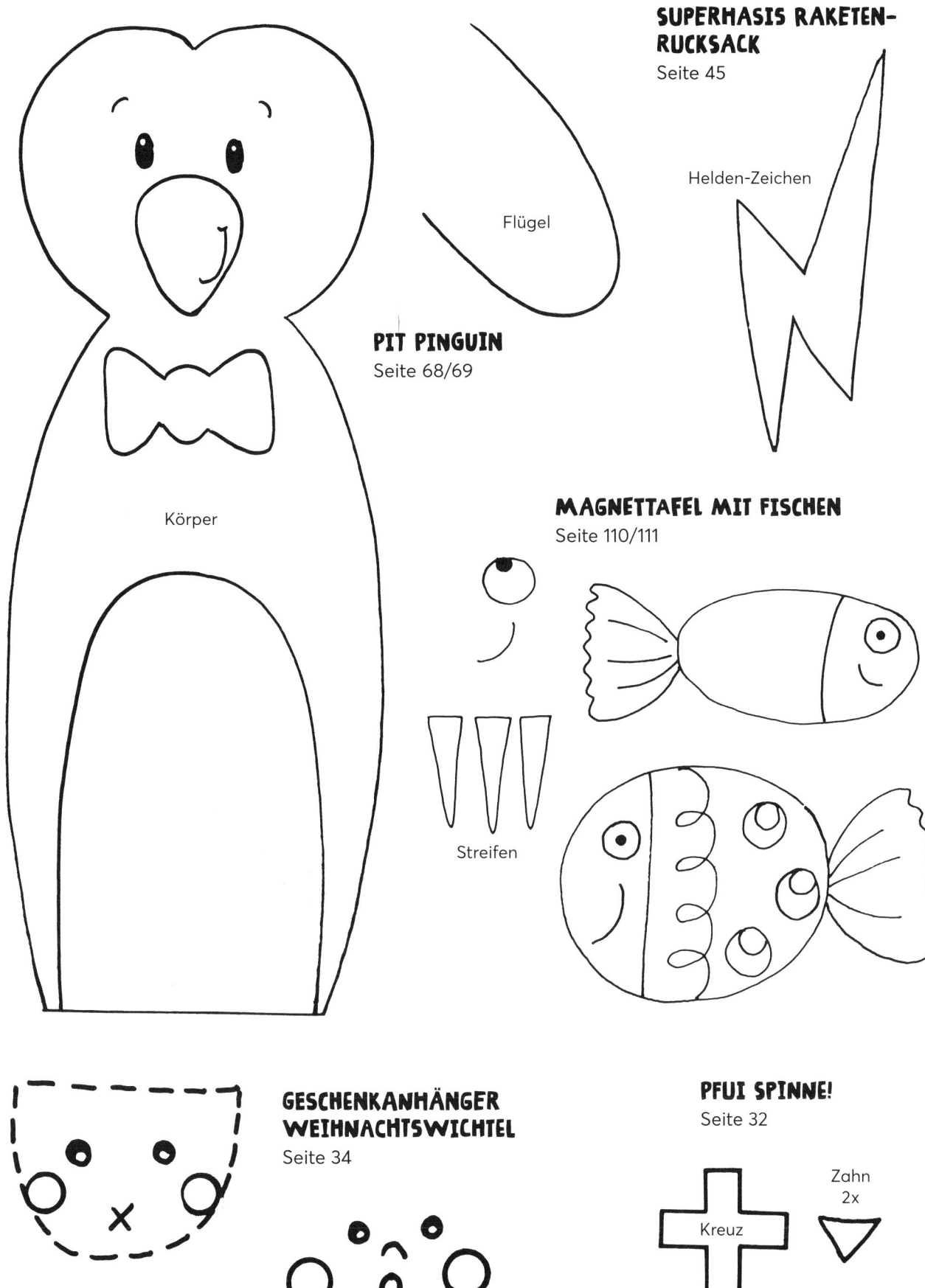

PIT PINGUIN
Seite 68/69

Flügel

Körper

SUPERHASIS RAKETEN-RUCKSACK
Seite 45

Helden-Zeichen

MAGNETTAFEL MIT FISCHEN
Seite 110/111

Streifen

GESCHENKANHÄNGER WEIHNACHTSWICHTEL
Seite 34

PFUI SPINNE!
Seite 32

Zahn
2x

Kreuz

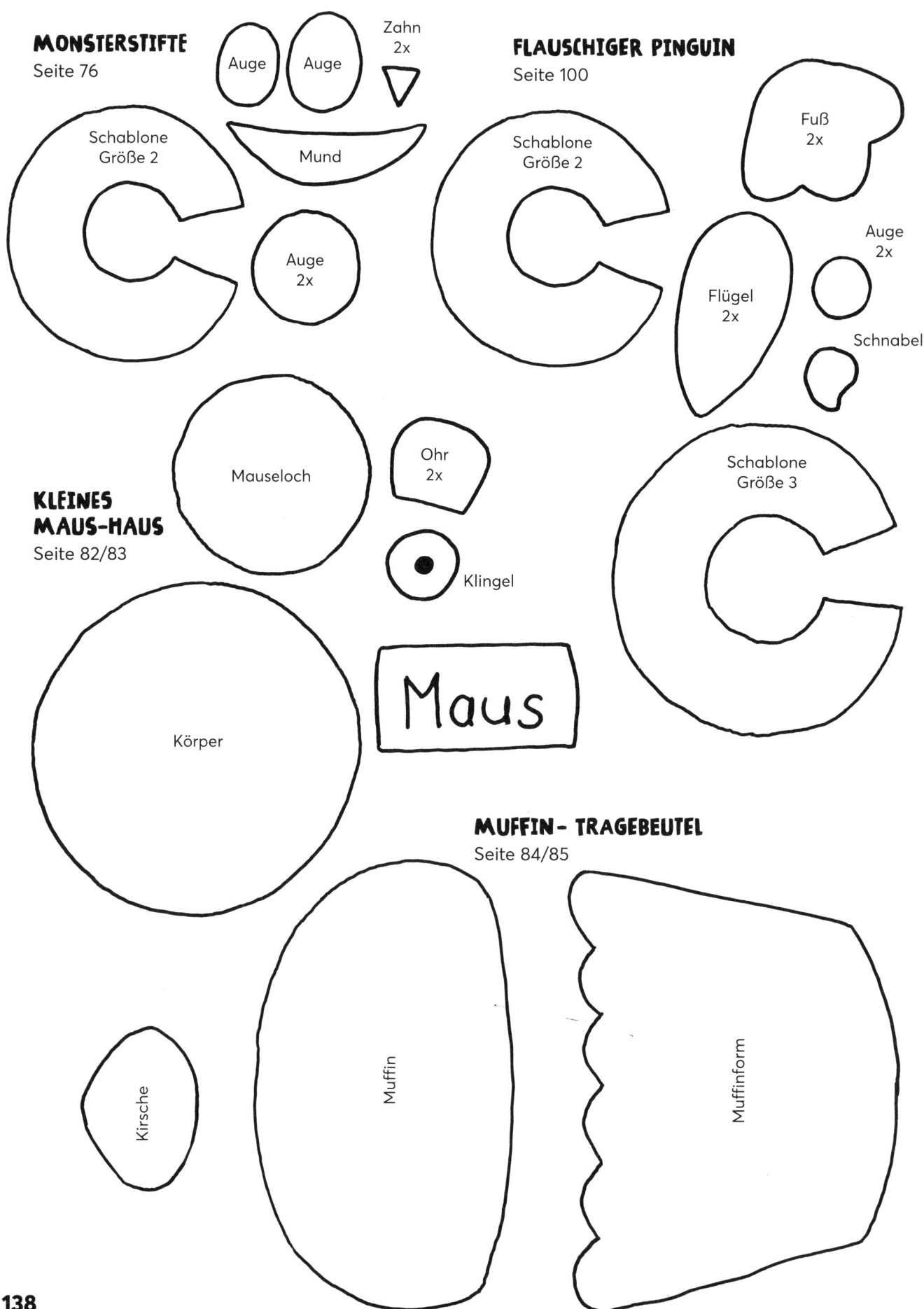

MONSTERSTIFTE
Seite 76

Auge

Auge

Zahn
2x

Schablone
Größe 2

Mund

Auge
2x

FLAUSCHIGER PINGUIN
Seite 100

Schablone
Größe 2

Fuß
2x

Auge
2x

Flügel
2x

Schnabel

Schablone
Größe 3

Mauseloch

Ohr
2x

KLEINES
MAUS-HAUS
Seite 82/83

Klingel

Maus

Körper

MUFFIN- TRAGEBEUTEL
Seite 84/85

Kirsche

Muffin

Muffinform

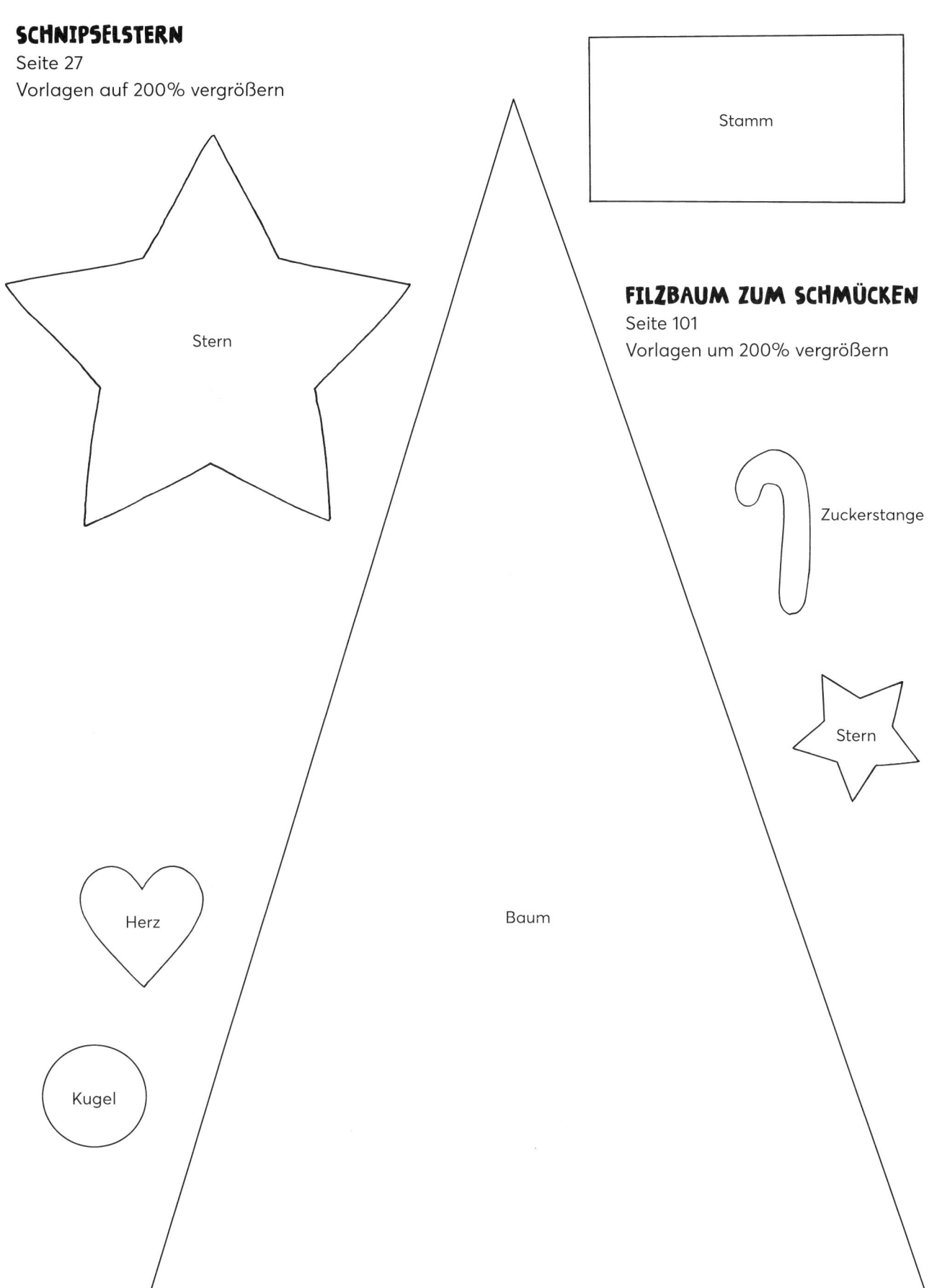

SCHNIPSELSTERN
Seite 27
Vorlagen auf 200% vergrößern

Stern

Stamm

FILZBAUM ZUM SCHMÜCKEN
Seite 101
Vorlagen um 200% vergrößern

Zuckerstange

Stern

Baum

Herz

Kugel

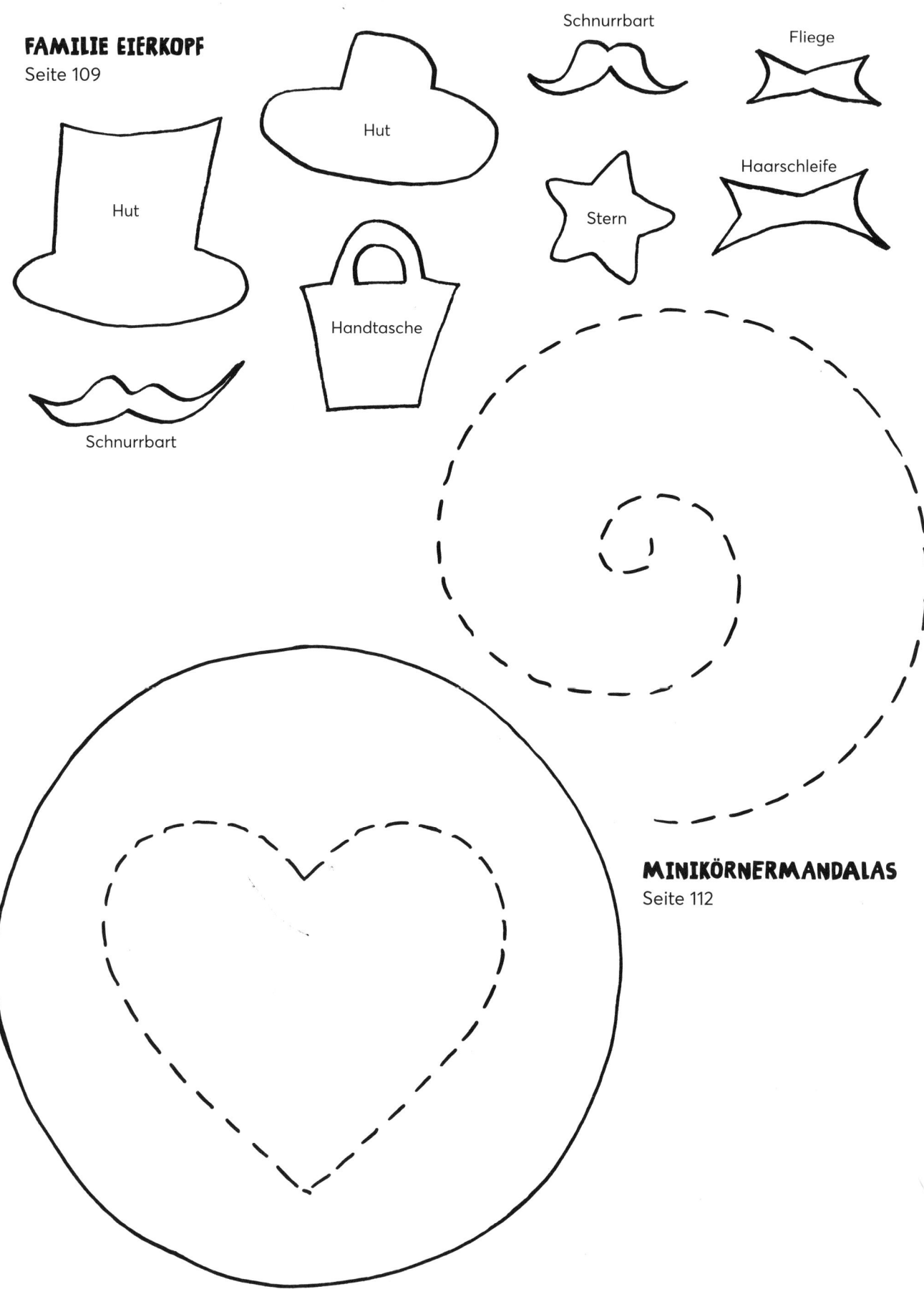

FAMILIE EIERKOPF
Seite 109

Hut

Hut

Schnurrbart

Fliege

Stern

Haarschleife

Handtasche

Schnurrbart

MINIKÖRNERMANDALAS
Seite 112

ZAPFEN-BLUMENSTRAUß
Seite 122/123

Blatt

Blüte

Blatt

Blüte

Erdbeere

**BEERIGE FRÜCHTCHEN
ZUM JONGLIEREN**
Seite 77
Vorlagen auf 180% vergrößern

Buchtipps für dich

TOPP 7764
ISBN 978-3-7724-7764-5

TOPP 7678
ISBN 978-3-7724-7678-5

TOPP 7680
ISBN 978-3-7724-7680-8

TOPP 7760
ISBN 978-3-7724-7760-7

TOPP 7762
ISBN 978-3-7724-7762-1

TOPP 7801
ISBN 978-3-7724-7801-7

TOPP 7755
ISBN 978-3-7724-7755-3

TOPP 7757
ISBN 978-3-7724-7757-7

TOPP 7765
ISBN 978-3-7724-7765-2

TOPP 7653
ISBN 978-3-7724-7653-2

TOPP 7825
ISBN 978-3-7724-7825-3

TOPP 7798
ISBN 978-3-7724-7798-0

Kreativ-Bücher finden Sie auf www.TOPP-kreativ.de

Weitere Ideen zum selbermachen gesucht?

Lieblingsstücke von einfach bis einfach genial finden Sie bei TOPP! Lassen Sie sich auf unserer Verlagswebsite, per Newsletter oder in den sozialen Netzwerken von unserer Vielfalt inspirieren!

Website

Verlockend: Welcher Kreativratgeber soll es für Sie sein? Schauen Sie doch auf **www.TOPP-kreativ.de** vorbei & stöbern Sie durch die neusten Hits der Saison!

TOPP-Autoren

Sie wollen wissen, wer die „Macher" unserer Bücher sind? Wer Ihnen nützliche Tipps & Tricks gibt? Auf **www.TOPP-kreativ.de/Autor** warten jede Menge spannender Infos zum jeweiligen Autor auf Sie. Finden Sie heraus, welches Gesicht hinter Ihrem Lieblingsbuch steckt!

Facebook

Werden Sie Teil unserer Community & erhalten Sie brandaktuelle Informationen rund ums Handarbeiten auf **www.Facebook.com/Mitstrickzentrale** Wer sich für Basteln, Bauen, Verzieren & Dekorieren interessiert, ist auf **www.Facebook.com/Bastelzentrale** genau richtig!

Pinterest

Sie sind auf der Jagd nach den neusten Trends? Sie suchen die besten Kniffe? Die schönsten DIY-Ideen? All' das & noch vieles mehr gibt es von TOPP auf **www.Pinterest.com/Frechverlag**

Newsletter

Bunt, fröhlich & überraschend: Das ist der TOPP-Newsletter! Melden Sie sich unter: **www.TOPP-kreativ.de/Newsletter** an & wir halten Sie regelmäßig mit Tipps & Inspirationen über Ihr Lieblingshobby auf dem Laufenden!

Extras zum Download in der Digitalen Bibliothek

Viele unserer Bücher enthalten digitale Extras: Tutorial-Videos, Vorlagen zum Downloaden, Printables & vieles mehr. Dieses Buch auch? Dann schauen Sie im Impressum des Buches nach. Sofern ein Freischaltcode dort abgebildet ist, geben Sie diesen unter **www.TOPP-kreativ.de/DigiBib** ein. Nach erfolgreicher Registrierung erhalten Sie Zugang zur digitalen Bibliothek & können sofort loslegen.

YouTube

Sie wollen eine ganz neue Technik ausprobieren? Sie arbeiten an einem spannenden Projekt, aber wissen nicht weiter? Unsere Tutorials, Werbetrailer, Interviews & Making Of's auf **www.YouTube.com/Frechverlag** helfen Ihnen garantiert dabei, den passenden Ratgeber von TOPP zu finden.

Instagram

Sie sind auf Instagram unterwegs? Super, TOPP auch. Folgen Sie uns! Sie finden uns auf **www.Instagram.com/Frechverlag** Möchten Sie uns an Ihrem Lieblingsprojekt teilhaben lassen? Am besten posten Sie gleich ein Foto mit dem Hashtag **#frechverlag** & wir stellen Ihr Werk gerne unserer Community vor – yeah!

Alles in einer Hand gibt's hier:

Kreativ-Bücher finden Sie auf www.TOPP-kreativ.de

IMPRESSUM

MODELLE: Ina Andresen (S. 76, 77, 82/83, 84/85, 96/97, 100); Pia Deges (S. 44, 45, 46, 48/49, 51, 52/53, 55, 58, 64/65, 78/79, 107–109, 114/115, 118, 120–123, 126, 127); Sybilla Ferdinand (S. 90/91); Ute Fischer (S. 98/99); Alice Hörnecke (S. 22/23, 50, 66/67, 94); Birgit Kaufmann (S. 9, 18/19, 21, 27, 35, 47, 68/69, 101, 112, 119); Pascale Lamm (S. 8, 38, 70, 71, 95, 106, 128); Bianca Langnickel/Franziska Heidenreich (S. 54); Franziska Heidenreich (S. 80/81, 88/89); Tanja Neukircher (S. 92/93); Pia Pedevilla (S. 110/111, 113, 124/125, 129); Claudette Radtke (S. 14); Christine Renzler (S. 60–63); Johanna Rundel (S. 12, 13, 31, 35/37, 39, 59); Gudrun Schmitt (S. 10, 11, 15, 20, 24, 25, 30, 32–34); Armin Täubner (S. 16, 26, 28, 56/57, 116/117); Andrea Wegener (S. 17, 87); Susanne Wicke (S. 86)

FOTOS: frechverlag GmbH, Turbinenstraße 7, 70499 Stuttgart; Bianca Langnickel (S. 54); lichtpunkt, Michael Ruder, Stuttgart (S. 8, 9, 11–17, 19–21, 23–27, 30–35, 37–39, 44–47, 49–51, 53, 55, 57–59, 65, 67, 69–71, 76–79, 81, 83, 85–87, 89, 91, 93–95, 97, 99–101, 106–113, 115, 117–119, 121, 123, 125–128); Pia Pedevilla (S. 129); Christine Renzler (S. 61, 63); Fotostudio Ullrich & Co., Renningen (S. 29)

ARBEITSSCHRITTFOTOS: Ina Andresen (S. 75–77, 82–85, 96/97, 100); Jaqueline Brandt, Eislingen (S. 98); Pia Deges (S. 42 links unten, 44–46, 48/49, 51, 52/53, 64/65, 107–109, 114, 118, 120, 122, 126, 127); Sybilla Ferdinand (S. 90/91); Alice Hörnecke (S. 6, 66, 74, 75 oben links, 94); Birgit Kaufmann (S. 18/19, 21, 27, 35, 47, 68, 101); Pascale Lamm (S. 38, 70, 71, 95, 104, 106, 128); Bianca Langnickel/Franziska Heidenreich (S. 54); Franziska Heidenreich (S. 80/81, 88/89); Tanja Neukircher (S. 92/93); Pia Pedevilla (S. 110/111, 113, 124, 129); Christine Renzler (S. 42 rechts, 43, 60–63,); Johanna Rundel (S. 12, 31, 36, 39, 59); Gudrun Schmitt (S. 10/11, 24, 25, 32–34); Armin Täubner (S. 7, 116/117); Andrea Wegener (S. 87)

FALTZEICHNUNGEN: Ursula Schwab (S. 22)

MODELLAUSWAHL: Shirin Schnier

PRODUKTMANAGEMENT UND LEKTORAT: Juliane Voorgang

LAYOUT UND COVERGESTALTUNG: Tatjana Ströber

SATZ: Arnold & Domnick, Leipzig

DRUCK UND BINDUNG: DZS Grafik, Slowenien

1. Auflage 2018

© 2018 frechverlag GmbH, Turbinenstr. 7, 70499 Stuttgart

ISBN 978-3-7724-7834-5

Best.-Nr. 7834